Patrick Broome
SPIRITUELLE KRIEGER

Patrick Broome

# SPIRITUELLE KRIEGER

Wie Yoga und Achtsamkeit
Männern Kraft geben

*Mitarbeit und Textporträts
Barbara Decker*

*nymphenburger*

Die in diesem Buch vorgestellten Übungen sollten von Anfängern nur unter Anleitung eines qualifizierten Lehrers/einer qualifizierten Lehrerin durchgeführt werden. Der Verlag und die Autoren schließen jegliche Haftung für Gesundheits- sowie Personenschäden aus.

© 2015 nymphenburger in der
F.A. Herbig Verlagsbuchhandlung GmbH, München
Alle Rechte vorbehalten.
Schutzumschlag: atelier-sanna.com, München
Fotos Innenteil: S. 51 (Patrick Broome): Heike Wasem-Hasso;
S. 67 (Oliver Bierhoff): picture alliance; S. 76 (Dieter Gurkasch): privat;
S. 87 (Carsten Ehrhardt): privat; S. 96 (Bobby Dekeyser): Steven Haberland;
S. 108 (Volker Mehl): Anna Schwartz; S. 117 (Jochen Schweizer):
GABO für Jochen Schweizer; S. 128 (André Daiyû Steiner): privat;
S. 138 (Jörg Buneru): Suna Schleiermacher; S. 149 (Krishnataki): Wari Om.
Satz: EDV-Fotosatz Huber/Verlagsservice G. Pfeifer, Germering
Gesetzt aus: 10,6/14 pt Sabon und Cicle
Druck und Binden: GGP Media GmbH, Pößneck
Printed in Germany
ISBN 978-3-485-02831-8

Auch als

www.nymphenburger-verlag.de

*Ich widme dieses Buch allen Männern: den Suchenden,
den Kriegern, den Weisen, den Erleuchteten, den Magiern,
den Druiden, den Yogis und den Schamanen, die alle
gleichberechtigt ihren Platz innerhalb der Ordnung des
Ganzen haben. Und natürlich meinem Sohn: auf dass er
seinen Platz in der (Männer-)Welt finden möge.
Danken möchte ich einer Frau: Barbara Decker. Ohne ihren Einsatz
und ihre begnadete Schreibkunst wäre dieses Buch niemals
möglich gewesen. Beherzt hat sie sich auf das Projekt und
uns Männer eingelassen, jede einzelne unserer Psychen
intuitiv und einfühlsam ausgelotet und die vorliegenden
»Seelendiagramme« der gesamten Mannschaft erstellt.
Danke, Barbara.*

# INHALT

## YOGI'S CHOICE I: ÜBUNGEN   *159*

# EINLEITUNG

*Ich verbeuge mich vor dem, der Licht in die Dunkelheit bringt und in den verschiedensten Formen als Kraft der Schöpfung, des Erhaltens und der Transformation in meinem Leben wirkt.*

Meine inzwischen fast 20-jährige Yogapraxis – also meine ganz persönliche »Yogareise« – ist der Anlass, über mein Leben zu reflektieren und dieses Buch zu schreiben. Ich werde oft danach gefragt, wie Yoga wirkt bzw. »funktioniert«, … was Yoga im Wesentlichen »ist«. Die größte Herausforderung bestand in diesem Punkt darin, dies 23 beinharten Männern zu erklären, die im Frühsommer 2014 nach Brasilien auszogen, um den Fußballweltmeistertitel nach Hause zu holen, und als deren Yogalehrer ich mit von der Partie war.

Yoga ist ein seit Jahrtausenden nachhaltig wirkungsvolles Instrument, um sich – selbst mitten im hektischen Alltag – gelassen und heil zu erleben. Dabei weisen die Übungen des Yoga nicht nur den Weg zu Innenschau und Selbstbeobachtung, sondern inspirieren aufgrund von Selbstwirksamkeitserfahrungen all diejenigen, die ihr Leben in die Hand nehmen und etwas bewegen wollen. Durch das Zusammenspiel von Atem, Haltung und Bewegung wird der Verstand klarer, der Atem entspannter, körperliche, mentale und energetische Blockaden lösen sich auf. Dieses »Ganzkörperexperiment«

hilft uns im Verlauf des Prozesses, mehr über uns selbst, unsere körperlichen und emotionalen Bedürfnisse und unsere tieferen Wünsche zu erfahren. So schaffen wir es, den Anforderungen des Alltags nicht nur zu genügen, sondern die Aufgaben und Herausforderungen gelassen, kraftvoll und mutig zu bewältigen. Ziel ist also die Ergründung der eigenen Wahrheit, statt irgendeinem irreführenden Glauben blind und teilweise fanatisch anzuhängen. Wahrheitsfindung führt immer über den Weg der jeweils persönlichen Erfahrung und eigenen Biografie. Daher sollte der Yogaunterricht als Weg zur Selbsterkenntnis frei von jeglichem religiösen oder konfessionellen Dogma sein.

Das Zeitalter der Aufklärung hat die Menschheit vom reinen Glauben »emanzipiert«. Das Bild der Welt wurde in jener revolutionären Epoche jedoch nicht einfach platt entzaubert bzw. entmystifiziert – unter den Menschen schien vielmehr das Bedürfnis zu wachsen, die persönlichen Grenzen auszuloten, mit ihren physischen und geistigen Kräften zu experimentieren und eigene Erfahrungen mit den »höheren Mächten« zu machen. Die Erde ist nun mal keine Scheibe ... Dass größere Kräfte wirken, steht für mich außer Frage. Aber ich vertrete nun mal eine eher weltlich-säkularisierte Auffassung von Spiritualität: eine Abkehr vom Glauben, der ausschließlich blind glaubt, im reformatorischen Sinne. Nur die persönliche Erfahrung – also die Entdeckung der eigenen Wahrheit – kann die Menschen meiner Ansicht nach konkret aus festgefahrenen Mustern und Konditionierungen befreien. Nichts anderes und kein anderer kann dies bewirken oder uns dahingehend »verzaubern«.

Um das Ganze anschaulicher zu machen, berichten in diesem Buch neun Männer, die ihren eigenen Weg gegangen sind und sich kompromisslos auf die Achterbahn des Lebens eingelassen haben, über ihre individuellen und subjektiven Erlebnisse und Erfahrungen: mountains high, valleys deep. Ihre Biografien mit atemberaubendem Zickzackkurs und oftmals unklarer Tendenz zeigen, dass Krisen echte Wendepunkte sein können, die uns immer wieder aufs Neue ins Leben zurückkatapultieren. Der kleinste gemeinsame Nenner besteht bei den Lebensberichten darin, dass alle Männer bereits früh und heftig vom Leben ergriffen und durchgeschüttelt wurden, jedoch nicht aufgegeben haben und quasi in der zweiten Halbzeit das Spielfeld nochmals neu aufrollen konnten. Eines ist dabei ganz sicher: Zum Heiligen ist keiner von ihnen geworden. Sie wurden eher vom Leben geschliffen, dadurch vielleicht etwas kantiger, durch den Druck stabiler, im Alltag beständiger – und möglicherweise in der »Handhabung« etwas individueller. Im besten Sinne jedoch heiler, klarer und ehrlicher im Umgang mit sich selbst und den Mitmenschen.

Dies ist ein Buch für und über Helden, die die ausgetretenen Pfade verlassen und die Werkzeuge des Yoga und der damit verbundenen Achtsamkeit auf individuelle Weise einsetzen, um ihr Leben jenseits vorgefertigter Meinungen, Kodizes und Erwartungen anzupacken und zu meistern. Männer, die in einer spirituellen Praxis ihren Weg gefunden haben, mit den eigenen Ängsten und Unsicherheiten umzugehen und dabei offen für die Erfahrungen – die eigentlichen Geschenke des Lebens – zu bleiben. Männer, die sich bewusst entschieden haben, am Leben zu wachsen, statt daran zu verzweifeln. Nur so kann es gelingen, unseren Biografien neue Kapitel hinzuzufügen und das Blatt der eigenen Geschichte zu wenden.

An die uralte Technik des Yoga sind unzählige Heilsversprechen geknüpft. Ich kann Ihnen jedoch nur eines absolut sicher garantieren: den Wandel. Die beständigste Variable in unserem Dasein. Verlassen Sie sich darauf ... und lassen Sie sich auf die Lektüre im Speziellen und aufs Leben im Allgemeinen ein. Dann wird man(n) optimistisch weitersehen!

*Herzlichst*
*Patrick Broome*

# SPIRITUALITÄT, YOGA & ACHTSAMKEIT

## Wie funktioniert Yoga, das »Werkzeug der Befreiung«?

Yoga ist der Weg nach innen, der uns im Außen Stabilität gibt und den passenden Kurs finden lässt. Dabei ist das regelmäßige Üben nahezu vergleichbar mit einer tiefgreifenden, auf physischem Wege funktionierenden Psychotherapie. Im Körper verfestigte Enttäuschungen, Schmerz, Wut, Ängste und ungelöste Konflikte werden ganz allmählich und sanft durch heilsame Bewegungsabläufe gelöst und bewusst gemacht. Doch anstatt auf die negativen Emotionen zu fokussieren, die während des Prozesses aufkommen, werden die Übenden angeleitet, sich auf die eigene Lebenskraft zu besinnen. Durch Yoga erkennen wir, dass das Wunder des Lebens in uns wirkt, immer wieder aufs Neue. So entwickelt sich allmählich eine tiefe und stabilisierende Verbundenheit mit dem Leben. Dazu sind keine speziellen Vorkenntnisse nötig und es spielt überhaupt keine Rolle, wie fit man ist. Schon nach ein paar Minuten des Übens wird die Veränderung spürbar. Entspannung und eine verbesserte Sauerstoffversorgung führen oftmals zu spontanem Nachlassen von Schmerzen, zur Steigerung der Laune und erweiterter Selbsterkenntnis.

Eine einfache Rechnung, die unterm Strich aufgeht: Je öfter wir Yoga praktizieren, desto besser geht es uns körperlich, geistig und seelisch.

Energie wird oft als eine nahezu mystisch wirkende Kraft betrachtet, die jenseits unseres Kontrollvermögens liegt. Durch Yoga lässt sich jedoch die Energie qualitativ verändern und quantitativ steigern, indem die körperlichen Kapazitäten als Energie-Umwandler genutzt werden. So können physische und psychische Blockaden durchbrochen und der Energielevel erhöht werden. Der Yogaprozess hält die körperlichen Systeme geöffnet und versorgt sie mit Energie, was nicht nur Krankheiten verhindern kann. Die Energie gezielt einzusetzen bedeutet, die Kraft darüber hinaus zu nutzen, Wünsche und Ziele zu verwirklichen, anstatt sich an sinnlosen Situationen abzuarbeiten. Voraussetzung dafür ist zu erkennen, wo wir Einfluss auf die Gestaltung unserer Lebensumstände nehmen können – und wo nicht. Sich intensiv über Dinge zu ärgern, die man nicht ändern kann, kostet Kraft, die man eher dort investieren sollte, wo tatsächlich Möglichkeiten der individuellen Lebensgestaltung bestehen.

Yoga ermöglicht nicht nur, die eigene Gesundheit ein Stück weit zu verbessern, sondern auch das eigene Leben selbstbestimmt zu gestalten. Durch die Yogapraxis können frühzeitig Alarmsignale des Körpers und der Umwelt bewusst und achtsam wahrgenommen werden. Die präventive Kraft des Yoga besteht vor allem darin, dass die Praxis eine Sensibilität gegenüber der inneren Stimme – der Intuition – herausbildet. So kann der Tendenz zu Krankheit oder Erschöpfung entgegengewirkt werden, lange bevor sich ein psychischer oder physischer Zusammenbruch ankündigt. Neue Wege zur Persönlichkeitsreifung und -entwicklung eröffnen sich. Wir lernen ganz subtil, die Unterschiede bezüglich der eigenen Flexibilität, Ausdauer und Energie zu beobachten und zu verstehen. Durch diesen Grad an Aufmerksamkeit kann Yoga die Struktur des Körpers erneuern und auf die inneren Bedürfnisse ausrichten.

### Exkurs: TRANSFORMATION

Der Begriff der Transformation entstammt dem Lateinischen und beschreibt den Prozess einer »Umformung«. Spirituelle oder innere Transformation zeigt sich als Bewegung – als Entwicklung, als Wandel und Verwandlung. Sie ist ein fließender Prozess der beständigen Veränderung, der neue Erfahrungswerte integriert und Horizonte eröffnet. Der Phönix, der am Ende seines Lebenszyklus verbrennt und aus seiner eigenen Asche neu entsteht, ist eine Metapher für den transformativen Vorgang. In der spirituellen Entwicklung des menschlichen Bewusstseins geschieht diese Umformung häufig von der Überzeugung eines vom Ganzen getrennten Selbst hin zu der Erfahrung von Einheit. Die alten hinduistischen Schriften bezeichnen sie als einen Prozess des Heraustretens aus begrenzenden psychologischen Konditionierungen und mentalen Strukturen in die Freiheit und als Frieden mit der eigenen, wahren Natur. Und all dies beginnt mit der Bereitschaft, die Dinge zu hinterfragen. Es gilt, für einen Moment innezuhalten und zu erkennen, dass da vielleicht mehr ist, als wir vorher annahmen. Dabei kann meditative Selbsterforschung ein effektives Werkzeug sein. Häufiger jedoch sind es intensive Krisenerfahrungen – also echte Wendepunkte –, die uns die Gelegenheit geben, tiefere Einsichten in die Natur unseres Wesenskerns zu erlangen. Innere Transformation bedeutet, aus der Illusion des Getrenntseins zu erwachen und die untrennbare Einheit mit allem, was ist, zu erkennen. Dieser Zustand markiert das Ende der Angst und jeglichen Kampfes.

## Stehaufmännchen: Die Kunst, sich von Schicksalsschlägen nicht umhauen zu lassen

Im Leben eines jeden Mannes gibt es Phasen, die ihn (über-)fordern und manchmal sogar aus der Spur werfen können. Im Falle solch größerer oder kleinerer Krisen handelt es sich um jene Wendepunkte, die dazu herausfordern, nicht aufzugeben, sondern am Ball zu bleiben. Jeder geht anders mit Rückschlägen um: Die einen fällt die Axt des Schicksalsschlags, die anderen bleiben stehen wie Eichen im Sturm. Psychologen bezeichnen das Phänomen der psychischen Widerstandskraft als Resilienz. Dies ist ein regelrechtes Kunststück in puncto Balance, denn unsere äußerst dynamische und komplexe Umwelt verlangt kontinuierliche Anpassung. Wer dabei seine psychischen Ressourcen gut zu nutzen weiß, kommt besser mit den unvermeidlichen Rückschlägen zurecht. Ganz egal, welcher Art von Kritik oder Zurückweisung wir auch immer ausgesetzt sind: Nur die Fähigkeit, mit den aus der jeweiligen Situation resultierenden negativen Emotionen richtig umzugehen, stabilisiert uns. Im Hinblick auf diese psychische Widerstandskraft spielt die sogenannte Emotionssteuerung eine Schlüsselrolle. Im Idealfall finden Männer in jeder Form der spirituellen Praxis die Ruhe und den Raum zur Innenschau und

Selbstreflexion, schaffen es, sich einen sicheren Erfahrungsraum zu erschließen, wo sie »unter die Oberfläche« tauchen können. Hier ist es möglich, sich jenseits des Wettbewerbs, der Beobachtung – und vor allem der Bewertung von außen – zu spüren und zu erleben. Man(n) kann sagen: Wer mit den eigenen Gefühlen sinnvoll umgehen kann, den werfen Rückschläge auch nicht so schnell aus der Bahn. »Situationsbezogen heißt das, dass hochresiliente Männer unter Druck, nach Rückschlägen und in Situationen der Ungewissheit optimistisch, gelassen und zielorientiert bleiben oder diesen Zustand schnell wieder herstellen«, so der Psychologe und Autor Denis Mourlane (in: »Resilienz: Die unentdeckte Fähigkeit der wirklich Erfolgreichen«). Widerstandsfähige Männer spüren sehr schnell, wie es ihnen geht und was sie tun können, damit sie sich rasch besser fühlen.

Schwierigkeiten können also dann bewältigt werden, wenn man(n) die eigenen Gefühle gut wahrnimmt und die entsprechenden Konsequenzen daraus zieht. Natürlich speist sich diese Fähigkeit zu einem großen Teil aus den psychischen Überlebensstrategien der Kindheit, darüber hinaus spielen auch kulturelle, familiäre sowie angeborene und erworbene Kompetenzen eine wichtige Rolle. Doch wie stark oder schwach auch immer die Grundlagen für Resilienz angelegt sein mögen: Alte Muster lassen sich überschreiben bzw. neue Verhaltensmuster durch die Eigenschaften der Synapsen, Nervenzellen oder auch ganzer Hirnareale erlernen. Keine Ausreden: Männer (und Frauen) sind ein Leben lang in der Lage, eine neue Art des Denkens – akkurat und funktional – zu erlernen. Hier spielen alle Formen des Achtsamkeitstrainings wie Meditationstechniken, Yoga, Tai Chi etc. eine essenzielle Schlüsselrolle. Praktizierte Achtsamkeit kann nachhaltig dazu beitragen, uns selbst sowie die jeweilige Situation besser und wertungsfrei wahrzunehmen. Gerade wir Männer können durch Achtsamkeitstechniken lernen, handlungsorientiertes Denken auch in einer Situation des Misserfolgs aufrechtzuerhalten, und verfügen damit gleichzeitig über ein perfektes Ventil, um die im Körper gestaute Anspannung abzulassen. Dadurch sind eine Steigerung von Zufriedenheit und Erfüllung, Kreativität und Produktivität, Verbindung und Zugehörigkeit, Entspannung und Wohlbefinden sowie deutlich mehr Mitgefühl möglich, die das Dasein lebendiger, sinn- und wertvoller machen.

 Exkurs: ACHTSAMKEIT

Achtsamkeit bezeichnet eine ruhige, nicht wertende Aufmerksamkeit und Akzeptanz eigener Erfahrung. Achtsamkeit führt zu mehr Selbsterkenntnis und zu einem Perspektivenwechsel, sie erlaubt es uns, direkt wahrzunehmen, dass es die Natur aller Erfahrungen ist, sich zu verändern. Dies beinhaltet Gedanken, Gefühle und Verhaltensmuster, mit denen wir uns als »Ich« identifizieren. Durch Achtsamkeitsmeditation können wir laut Linda Graham die Struktur des Gehirns verändern. Die neuronalen Netzwerke im Gehirn werden neu »verdrahtet«. Das Gehirn wird in die Lage versetzt, flexibler auf Reize und Traumata zu reagieren. Mit zunehmender Praxis und Übung lernen wir, uns von schädlichen Gedanken und Verhaltensmustern zu lösen und großzügiger mit uns und anderen umzugehen. Dafür braucht es jedoch Zeit und Übung.

## Der Stoff, aus dem die Helden sind

Wir entscheiden in jeder Situation, ob uns die äußeren Lebensumstände härter und damit furchtsamer werden lassen oder ob sie uns weicher, sanfter und durchlässiger für das machen, wovor wir uns eigentlich fürchten: Es bedarf außerordentlichen Mutes, um sich der Vorstellung der eigenen Sterblichkeit zu stellen und diesen unabänderlichen Fakt auszuhalten. Wichtig ist dabei, die eigene »Schwäche« und die Tatsache der Vergänglichkeit nicht zu verdrängen, sondern vielmehr zu akzeptieren, dass eben nicht immer alles gut wird und sich im Happy End auflöst.

So sind beispielsweise unbearbeiteter Schmerz, gespeicherte Wut sowie die Traumata eines misshandelten oder vernachlässigten Kindes mächtige unbewusste Kräfte, die ein Leben schicksalhaft bestimmen können. Solange wir unsere alten Verletzungen nicht erkennen, spüren und verstehen, wiederholen wir immer wieder aufs Neue die Muster der Hilflosigkeit, des Ärgers und der Verwirrung, die daraus resultieren. In dem Maße, in dem der Mut gefasst wird, die eigenen kleinen und großen Ängste zu erforschen, können Lösungen bewirkt und Auswege aus dem Teufelskreis gefunden werden. Die Situation, aber auch der in ihr gefangene Mensch, kann sich entspannen. Hinfallen – aufstehen – weitergehen. Das ist es, was, besonders von uns Männern, verlangt wird. Der Cowboy im Western sattelt nach dem Showdown sein Pferd und reitet im Licht der untergehenden Sonne davon. Ohne mit der Wimper zu zucken. Keine emotionale Reaktion. Ein Leitbild für Männer? Eine Bastelanleitung für Helden?

Worin besteht nun eigentlich genau der Unterschied zwischen einem normalen Menschen wie dir und mir und einem Helden? Die Kinder- und Jugendbücher sind voll davon: Mal rettet Superman die Welt, mal bestehen König Artus oder Odysseus Schlachten und Abenteuer. Der Mythos des Helden hat nach wie vor Konjunktur und dient als Vorbild zur Orientierung und Identifikation. Ein Held steht immer wieder auf, egal, ob er schon 1000- oder 10 000-mal hingefallen ist. Die Internet-Recherche fördert folgendes Heldenbild zutage: »Ein Held (althochdeutsch *helido*) ist eine Person mit besonders herausragenden Fähigkeiten oder Eigenschaften, die sie zu besonders hervorragenden Leistungen, sogenannten Heldentaten, treiben. Dabei kann es sich um reale oder fiktive Personen handeln, also um Gestalten der Geschichte, aber auch der Legende oder Sage. Die Taten des Helden können ihm entsprechenden Heldenruhm bescheren. Seine heroischen (auch heldenhaften oder heldischen) Fähigkeiten können von körperlicher Art (Kraft, Schnelligkeit, Ausdauer etc.) oder auch geistiger Natur sein (Mut, Aufopferungsbereitschaft, Einsatzbereitschaft für Ideale oder Mitmenschen)« (Wikipedia, Stichwort »Held«).

Moderne Studien bescheinigen gerade erfolgreichen Fußballern – oder Sportlern im Allgemeinen – häufig ein »Hineinschlüpfen« in die Superheldenrolle, wenn es zu besonders wichtigen bzw. spielentscheidenden Szenen kommt. Wer z. B. einmal den Fußballprofi Ronaldo beim Strafstoß beobachtet hat, der weiß sofort, dass da nicht etwa Cristiano Ronaldo dos Santos Aveiro, sondern Superman höchstpersönlich antritt und schießt. Mir gefällt die Charakterisierung des Helden im »Tibetischen Buch vom Leben und vom Sterben« jedoch um einiges besser: »Ein spiritueller Krieger zu sein bedeutet, eine besondere Art von Mut zu entwickeln, eine Courage, die intelligent, sanft und furchtlos zugleich ist. Spirituelle Krieger kennen die Furcht sehr wohl, sind aber mutig genug, dem Leiden nicht auszuweichen, mit ihren grundlegenden Ängsten umzugehen und ohne Zögern aus Schwierigkeiten zu lernen. Ein spiritueller Krieger zu werden bedeutet, unseren kleinkarierten Kampf um Sicherheit für eine weitaus größere Vision von Furchtlosigkeit, Offenheit und echtem Heldentum einzutauschen« (Sogyal Rinpoche: »Das tibetische Buch vom Leben und vom Sterben«).

Hier tritt nun der »spirituelle Krieger« auf den Plan und stellt das allgemeine Wertesystem des Mannes gründlich auf den Kopf: sanft und mutig zugleich soll er sein – am Ende etwa sanftmütig? Ein Widerspruch, wie's scheint ... Kann man denn so in die Schlacht ziehen oder gar einen Krieg gewinnen? Krieger sind Helden, die bereit sind, für ihre Visionen und Ziele ihr Leben zu opfern. Sie setzen sich quasi ganz bewusst der »Schlacht« aus und riskieren den eigenen Tod. Dies setzt Mut und Entschlossenheit voraus. Im übertragenen Sinne bedeutet dies für unsere Zeit, die alten und überholten Muster, Konditionierungen und Motivationen aufzugeben bzw. »sterben zu lassen«, um Neuland zu erobern – im Job, in der Beziehung, im Alltag. Dem Sturm des Lebens entgegenzutreten, wie oft er uns auch zu Boden reißen mag, bedeutet, dass wir nicht so stark sein müssen wie der Sturm selbst, um ihm zu trotzen. Die Situation erfordert vielmehr, wie Grashalme fest verwurzelt stehen zu bleiben und sich dennoch dem wütenden Orkan zu ergeben. Ob wir dabei nun vor Angst schlottern oder ganz entspannt sind, ist völlig egal. Wichtig ist nur das eine: immer wieder aufstehen, wenn der Sturm vorbei ist und die Wolken am Horizont verschwunden sind.

Dabei sind unsere Ängste gerade dann am stärksten, wenn es um große Träume und echte Herzensangelegenheiten geht. Das heißt, dass wir gerade dann, wenn uns etwas wirklich wichtig ist, die Tendenz haben, vorzeitig aufzugeben. Denn Widerstand und Kritik zielen hier genau ins Schwarze – und damit in den verletzlichen Bereich der Achillesferse. Dabei geht es nicht um eine »Augen zu und durch«-Strategie, sondern vielmehr darum zu erkennen, dass immer dann, wenn die Herausforderungen das XXL-Format erreichen, damit zu rechnen ist, dass auch unsere Ängste (re)aktiviert werden. Das Bewusstsein macht den Unterschied: Angst kann uns entweder lähmen oder stark machen.

In diesem Zusammenhang erinnere ich mich an ein prägendes Erlebnis während der Fußballweltmeisterschaft im Campo Bahia in Brasilien. Ein paar Tage nach unserer Ankunft stand etwas überraschend der südafrikanische Abenteurer und Extremsportler Mike Horn vor uns. Wir alle waren angemessen beeindruckt, so erzählte der 47-Jährige nicht nur, wie er als Erster den Amazonas durchschwamm und von einer atemberaubenden Solo-Expedition an den nördlichen Polarkreis, sondern ermahnte uns gleich zu Beginn seiner Rede, dass alle unsere Träume, die uns keine Angst machen, zu klein seien. Und diese Intensität zog sich durch seine Rede, die durchtränkt war von der Kernbotschaft, dass Widerstände und Rückschläge zu jeder Unternehmung gehören, aber mit großem Einsatz, wenn vielleicht auch nicht immer alles, so zumindest vieles möglich ist. Und sein Leben ist ein leuchtendes Beispiel dafür, sich eben nicht kleinmütig vor dem Fernseher zu verstecken, sondern mit Hingabe, Emotion und Ausdauer an der Umsetzung der »großen« Träume zu arbeiten.

In dem Moment, in dem wir uns ehrlich eingestehen, wie wir fühlen, und uns dafür zu interessieren beginnen, wird die Angst weniger. Wir schaffen es, uns über die Ablehnung oder Zurückweisung zu erheben. Im Leid zu versinken und sich selbst fortwährend zu bedauern hat übrigens noch niemanden jemals weitergebracht. Es geht eher darum, aus den Schwierigkeiten, die diese »Stand-up-Übung« beinhaltet, zu lernen und die nötigen Muskeln dafür zu entwickeln. Solange wir wahrhaftig wachsen wollen und diese Intention in kleinen, aber beständigen Schritten kultivieren, wird sich die innere Haltung mit der Zeit wandeln. Durchhaltevermögen und Geduld tragen dann ganz allmählich die Gitterstäbe des Käfigs ab, den wir um uns herum aufgebaut haben. Geduldig zu sein bedeutet, die Fähigkeit zu entwickeln, ruhig und unerschütterlich zu bleiben – egal, wie sich die äußeren Umstände auch entwickeln mögen.

Diese Kraft schöpfen wir aus unserem ureigensten Wertesystem. Aus einer Quelle, die beständig fließt und unerschöpflich ist. Der Psychologe Rudolf Sponsel übersetzt Spiritualität als bewusste Beschäftigung »mit Sinn- und Wertfragen des Daseins, der Welt und der Menschen, besonders der eigenen Existenz und seiner Selbstverwirklichung im Leben« (»Spiritualität – Eine psychologische Untersuchung«). Spirituelle Krieger erreichen durch gelebte Werte – wie Mitgefühl, Gelassenheit und Achtsamkeit – ihr Ziel. So kann eine neue Vision von Furchtlosigkeit, Offenheit und echtem Heldenmut entstehen.

Jede Form spiritueller Praxis verändert uns, indem wir beginnen, die physischen und mentalen Fesseln, die unserem Potenzial keinen Raum für Wachstum lassen, zu lösen. Diese Transformation bringt Neues und Aufregendes mit sich. Sie ist wie ein Häutungsprozess, der die eigene Essenz – den wahren Kern – enthüllt. Die Kunst der spirituellen Praxis liegt darin zu lernen, Energie zu fokussieren und in die verschiedenen Bereiche des Körpers und des Bewusstseins zu transportieren. Dies gelingt nur, wenn die Botschaften des Körpers richtig gedeutet und die Bewegungen an den Energiefluss im Körper angepasst werden.

Exkurs: SPIRITUALITÄT

Spiritualität bedeutet aus dem Lateinischen übersetzt so viel wie »Geist« bzw. »Hauch« und bezeichnet eine geistige Haltung. Spiritualität impliziert also nicht unbedingt eine religiöse Lebenseinstellung im konfessionellen Sinne. Spirituell Suchende betonen nicht die selbstzentrierte Sicht, der »Fokus« ist vielmehr auf ein transzendentes Ziel ausgerichtet, z. B. allgemein auf den Glauben an die Einheit und die Akzeptanz des Geistigen als Realität. Inzwischen wird der Begriff immer häufiger auch ohne Gottes- oder Transzendenzbezug verwendet: Gemeinsame Werte wie Gerechtigkeit, Mitgefühl, Liebe, Demokratie und Menschenrechte können sowohl Gottgläubige als auch Atheisten an den runden Tisch bringen, ohne einander eine Glaubensrichtung aufzuzwingen. Der Buddhismus setzt beispielsweise auf die grundlegenden menschlichen Werte der Güte, der Freundlichkeit, des Mitgefühls und der liebevollen Zuwendung – quasi in Form einer Art »humanistischer Spiritualität«. Yoga ist keine Religion, sondern eine Philosophie, die gelebte Spiritualität zu initiieren vermag. Dabei entwickeln wir uns aus der Mitte, aus dem Zentrum heraus. Ein spiritueller Krieger gehört nicht unbedingt einer Konfession an. Er unterliegt keinem Dogma. Ich verstehe Spiritualität somit als Technik der inneren Transformation: Wir werden wacher und bewusster. Das Handeln erfährt eine neue Qualität von Achtsamkeit.

## Herzmuskel-Training

Das Herz gilt als unser emotionales Zentrum, als Wesenskern, ja, sogar als Sitz der Seele. Wir Männer wissen das zwar, vertrauen aber meist in Herzensangelegenheiten auf den Verstand. Ein offenes Herz weiß jedoch auf viele Lebensfragen eine Antwort. Wir können aufhören, uns den Kopf zu zerbrechen, und stattdessen Kontakt zu unserem Herzen aufnehmen. Von Natur aus sind wir dort immer heil. Ich möchte dem Leser hier aber nicht allzu viel Gefühlsduselei zumuten. Ich halte es da eher pragmatisch wie Andreas Altmann, der schreibt: »Ich will beides behalten, mein Herz und mein Hirn, will mit beidem auf die Welt zugehen, sie denken und analytisch erklären und/oder sie träumen und intuitiv erfassen. Alle meine geistigen und sinnlichen Werkzeuge sind mir willkommen« (»Dies beschissen schöne Leben«). Wir erwecken unsere angeborene Großzügigkeit und begegnen anderen mit Offenheit,

Respekt und Mitgefühl: das größte Geschenk, das wir Männer uns und der Welt machen können. Ein intaktes und starkes Herz schlägt im harmonischen Gleichklang der Gedanken und Gefühle. Es ist kein Gegeneinander und schon gar kein Entweder-oder. Nur zusammen können wir der Komplexität der Welt erfolgreich entgegentreten. Die sogenannten Yoga-Sutras, eine Art philosophisch-ethischer Leitfaden, definieren Yoga als Zustand, der die Gedanken und Gefühle klärt und vereint. Dies bedeutet zunächst oftmals, Entgegengesetztes zu einem Ganzen zusammenzufügen. Die Widersprüche anzunehmen, auszuhalten und letztlich zu integrieren – darin besteht die Arbeit des Herzens.

Widerstand verhärtet den Körper und verstärkt somit das Gefühl des Getrenntseins: Die Umwelt und sogar andere Menschen werden als Bedrohung wahrgenommen. Verspannungen machen sich durch Verkrampfungen in den verschiedensten Körperteilen bemerkbar. Die Lebensenergie wird blockiert. Hier kann jede Form von Bewegung, Körperarbeit oder Körpertherapie helfen, den Energiestrom wieder in Fluss zu bringen. Doch wenn wir die Ursache, den inneren Widerstand, nicht beseitigen, werden nur die Symptome kurzfristig gelindert. Eine gute Voraussetzung für innere Ausgeglichenheit ist eine Lebensauffassung, die motiviert, das Beste zu geben, andererseits aber auch allzu starre Zielvorstellungen loslässt und erlaubt, »den göttlichen Plan« zu akzeptieren. »Handeln durch Hingabe« nennt Eckhart Tolle diese spirituelle Dimension menschlichen Handelns. Anstrengung und Bemühen zeigen sich dann darin, alle Möglichkeiten auszuschöpfen, in der eigenen Kraft zu stehen und die Energie aktiv einzusetzen.

Indem wir offen bleiben und uns nicht zu sehr mit den angestrebten Zielen identifizieren, kann ein Gefühl von »Getragen-Sein« entstehen – wir können das Bestreben, alles kontrollieren zu wollen, loslassen und uns einer höheren Führung anvertrauen. Um uns mit unserer Umwelt verbunden zu fühlen, müssen wir uns für dieses Gefühl der Hingabe öffnen.

### Exkurs: IM SPAGAT ZWISCHEN WIDERSTAND UND GESCHEHENLASSEN

Auch wenn wir meinen, alles im Griff zu haben: Meist irren wir uns bezüglich der realen Situation. Im Leben lässt sich nur wenig erzwingen. Letztlich müssen wir uns dem Lauf der Dinge fügen. Immer wieder geraten wir im Alltag oder auf der Yogamatte in Situationen, die klar zeigen, dass Ehrgeiz allein nicht weiterbringt. Hingabe ist hier der Schlüssel zur Kraftquelle, um die Dinge so zu akzeptieren, wie sie schlicht und ergreifend sind. Wir lösen uns von der Stagnation des Perfektionswahns und lassen uns aufs Hier und Jetzt ein. Eckhart Tolle beschreibt Hingabe »als die einfache, aber tiefgreifende Weisheit, sich lieber dem Strom des Lebens anzuvertrauen, als sich ihm zu widersetzen« (»Leben im Jetzt«). Hingabe heißt also, den gegenwärtigen Augenblick – das Jetzt – ohne Bedingungen und Vorbehalte anzunehmen. Es beinhaltet, den inneren Widerstand gegen das, was ist, aufzugeben. Dabei ist Hingabe niemals mit Aufgabe zu verwechseln. Es geht nicht darum, unerwünschte oder unangenehme Dinge hinzunehmen, sondern das Sosein des Augenblicks zu akzeptieren und dann in Aktion zu treten und alles Erdenkliche zu tun, was möglich ist, solch eine negative Situation aufzulösen.

## Elf »Krieger« gegen den Rest der Welt

Während der Fußballweltmeisterschaft in Brasilien ging es darum, aus einem Team von höchst unterschiedlichen – um nicht zu sagen gegensätzlichen – Individualisten eine harmonische Mannschaft zu bilden, die sich nicht ausschließlich über die Kategorien der Stärken und Schwächen definierte und damit voneinander abtrennte. Es ging vielmehr um das Einschwören auf ein gemeinsames Ziel. Um die bewusste Überwindung der Egozentrik sowie die Unterordnung der eigenen Bedürfnisse und Wünsche aufgrund einer Sache, die wichtig genug war, um den kleinkarierten Kampf des Ego für eine weitaus größere Vision einzutauschen.

Im brasilianischen Trainingslager Campo Bahia entwickelten sich echter Teamgeist und wahre Männerfreundschaften. Jeder übernahm seinen Teil Verantwortung, um das Ziel zu erreichen. Jeder akzeptierte den anderen als vollwertiges Mitglied der Gruppe. Das war letztlich der Schlüssel zum Erfolg. Das Team der Nationalelf sowie der gesamte Betreuerstab lebte während der WM im Campo Bahia fast wie in einem indischen Aschram: Wir standen alle zum gleichen Zeitpunkt auf, speisten gemeinsam, gingen miteinander zum Training. Und wir sahen auch alle gleich aus. Jeder bekam zu Beginn des Turniers eine Tasche in die Hand gedrückt mit der Ausstattung für die kommenden Wochen. Es gab sogar einen Plan, an welchem Tag welche Trainingshose kombiniert mit welchem T-Shirt angezogen werden sollte. Wir zogen alle an einem Strang, das schweißte uns zusammen. Es war wundervoll und berührend zu erleben, wie herzlich die Spieler miteinander umgingen, die man oft nur als raubeinige Kämpfer-naturen erlebt. Keiner wurde ausgeschlossen, keiner hängen gelassen.

Natürlich gab es auch immer mal wieder Rivalitäten. Trotzdem waren alle füreinander da, halfen und unter-stützten sich, wo immer es ging. Jeder Einzelne freute sich, nach dem jeweiligen Spiel »nach Hause« ins Campo Bahia zurückzukehren. Bereits während des »Heim-wegs« auf der Fähre wurde gemeinsam gesungen, aber auch geschwiegen. Dort angekommen, schliefen wir in Häusern direkt am Strand und aßen zusammen unter freiem Himmel. Ein Leben in und mit der Natur. In der Gemeinschaft wurde Energie getankt bei Yoga- und Fitnesseinheiten, an denen alle teilnahmen: egal, ob Se-curity, Fitnessguru, Spieler oder Büroleitung. Und an-schließend ging's wieder raus in die nächste Schlacht als eingeschworene Einheit, als *die* Mannschaft, die be-herzt zum Äußersten fähig war: Fußballweltmeister 2014 zu werden.

Letztlich geht es eigentlich nur darum zu verstehen, dass alle aufeinander angewiesen und dass alles mitein-ander verbunden ist – dass also das eine nicht ohne das andere bestehen kann. Das Grundproblem, das dem Gefühl von Trennung und dadurch von Einsamkeit zu-grunde liegt, besteht demnach immer in uns selbst. Wir müssen eigentlich nur lernen, mit unseren Gedanken, unserem Körper und unserer Umwelt wieder ins Reine zu kommen. Es bedarf einer neuen Sichtweise auf das Leben um uns herum und des Mutes, zu neuen Hori-zonten aufzubrechen.

Exkurs: TWIST VOM EGOTRIP
ZUR HINGABE
»Wenn wir an Flexibilität denken, verbinden wir
damit meistens die Vorstellung von Vor- und
Rückbeugen«, so mein amerikanischer Yogalehrer David
Life in einem seiner vielen Workshops zum Thema »Spinal
Twists«. Die Rotation der Wirbelsäule erfordert jedoch ein
Höchstmaß an Flexibilität: eine Drehung um die eigene
Achse, die es ermöglicht, eine 180- bis 360-Grad-Pers-
pektive der Umgebung bzw. unserer gegenwärtigen Le-
benssituation zu erlangen. Der Sanskrit-Begriff »Parivritta«
bezieht sich auf die Rotation in einer Position und bedeutet wörtlich übersetzt »sich herumbewegen«, was wiederum impliziert, dass wir eine starke Mitte benötigen, um
die wir rotieren oder drehen.

Der Twist – oder die Spirale – ist ein Symbol des menschlichen Lebens und findet in der Doppelhelix der DNA ihre
Entsprechung. Spiralen können nach oben und unten rotieren, je nach Richtung des Energieflusses. Die Wasser-
spirale im Badewannenabfluss bewegt sich beispielsweise abwärts, während sich die Spirale eines Tornados aufwärts bewegt. Wir können ein spiralförmiges Wachstums-
muster in vielen Pflanzen beobachten. Wenn der Körper in
guter Verbindung zum Boden »verwurzelt« ist, kann
die Energie in einer spiralförmigen Bewegung nach oben
gezogen werden. Diese Spiraldynamik ist es letztlich, die
den Stand durch eine Art energetische »Verschraubung«
in die Erde bewirkt und damit das Fundament für die kraft-
volle Aufrichtung ist – äußerlich und innerlich. Auf diesem
Weg kann (Körper-)Energie entgegen der Schwerkraft
wirken. Wer segelt, kennt das Phänomen: Segelschiffe
bewegen sich entgegen der Windrichtung (also gegen die

Energieströmung), indem sie den Wind (Energiekanal) kreuzen.

Alle Standhaltungen, inklusive »Krieger«, sind damit sozusagen ein Sieg über die Schwerkraft im Zusammenspiel mit der Energie der Spiraldynamik. Aufrichtung bedeutet Leben. Jede Pflanze lebt es uns vor. Und der Motor dafür wirkt in jedem Zellkern in Form der Doppelhelix. Durch Drehungen können wir auch das Ego und damit den Verstand regelrecht »entzwirbeln«. Der Bereich unserer Wirbelsäule, der am meisten durch die Drehung beeinflusst wird, ist die Lendenwirbelsäule, etwa auf Höhe des Solarplexus bzw. »Sonnengeflechts«. Auf energetischer Ebene können hier negative Emotionen und Gedanken sowie ein überstarkes Ego transformiert und zum Herzbereich geleitet werden, um sie in Liebe zu verwandeln.

## Kriegerhaltungen:
### Fester Stand, stabile Mitte, gute Balance

Im Yoga beziehen wir Standfestigkeit aus den stehenden Positionen. Die Kriegerhaltungen zielen insbesondere auf die Energien des Wurzel-Chakras im Zentrum des Körpers an der Basis der Wirbelsäule: Hier gründen die körperlichen, emotionalen und psychischen Aspekte unserer Beziehungen. Ein fester Stand basiert auf einer guten Beziehung zu anderen. Wenn wir nicht im Gleichgewicht sind, so sind meist auch unsere Beziehungen zur Umwelt und unseren Mitmenschen schwierig oder unausgeglichen. Meine wichtigste Yogalehrerin Sharon Gannon betonte immer wieder, dass, um wieder in Balance zu kommen, wir uns bewusst machen müssen, dass wir mehr Ausgeglichenheit und Harmonie in unseren Beziehungen brauchen, bzw. ehrlich Bilanz ziehen, welche Verbindungen in unserem Leben nicht mehr funktionieren oder nur noch einseitig gewinnbringend sind. Interessanterweise hat gerade diese Bilanz langfristig nicht für meine Beziehung zu ihr gesprochen. Aber dies hier nur als kleine Randnotiz …

Schwierigkeiten in den stehenden Haltungen weisen im übertragenen Sinne häufig auf Instabilität hin – diese kann beispielsweise auf Beziehungsproblemen oder Schwierigkeiten hinsichtlich des Jobs oder der Finanzen beruhen. Verspannungen oder zu wenig Kraft in den Beinen lassen allgemein einen Mangel an Verwurzelung, Stabilität oder Gleichgewicht vermuten. Schmerzende oder feste Hüften in Kombination mit Verspannungen im Unterbauch können möglicherweise auf ungeklärte Probleme mit ehemaligen sexuellen Partnern zurückgeführt werden. Chronische Schmerzen im Halsbereich stammen vielleicht von einer abwertenden Haltung uns selbst gegenüber. Sie beziehen sich auf das Selbstwertgefühl. Verspannungen im Schulter- und Nackenbereich deuten auf unterdrückten oder aufgestauten Ärger, Wut oder Feindseligkeit hin, während eine Verspannung der Zwerchfellregion anzeigt, dass die Atmung chronisch eingeschränkt oder zurückgehalten wird. Oft ist dies ein Versuch, Emotionen zu kontrollieren.

Körperliche Verspannungen geben uns somit Hinweise, in welchen Beziehungen noch Energie gebunden und wo unser Potenzial eingeschränkt ist. Alle Erfahrungen leben in unserem Körper, nicht nur als Erinnerungen im Kopf, sondern auch als eine Art Abdrücke in den Zellen und im Bindegewebe des Körpers, weiter. Sie manifestieren sich in den Hüftgelenken, den Kniesehnen, der Milz, den Stimmbändern, den Ohren, im Darm – überall! Sie bestehen in der Art, wie die Lungen arbeiten und das Herz schlägt, fort. Durch bewusste Körperarbeit können wir alle Körperregionen, die sich unter der Wirkung der Emotionen verhärtet haben, wiederbeleben, mobilisieren und die blockierten Energien freisetzen.

### Exkurs: DAS KARMA DES KRIEGERS

Worin liegt der Sinn des Lebens? Mit dieser Frage werden wir – früher oder später – alle konfrontiert: vielleicht aufgrund eines Schicksalsschlags, wegen einer fehlenden Aufgabe oder durch irgendeinen anderen Anlass ausgelöst. Wenn unsere Handlungen nicht kongruent sind mit dem, was für uns wesentlich ist und uns seelisch erfüllt, entsteht das Gefühl von Leere und Entzweiung. Eine alte Weisheit bringt meiner Ansicht nach die kausalen Zusammenhänge der Karma-Philosophie auf den Punkt: »Achte auf deine Gedanken, denn sie könnten Worte werden. Achte auf deine Worte, denn ihnen folgen Handlungen. Achte auf deine Handlungen, denn sie werden dein Schicksal sein.«

Randy Pausch, ein an Krebs erkrankter US-Computerwissenschaftler, dessen Buch »Last Lecture – Die Lehren meines Lebens« zu einem globalen Bestseller avancierte, resümierte in seiner legendären letzten Vorlesung folgendermaßen: »Auf unserem Sterbebett werden wir nicht die Dinge bereuen, die wir getan haben – sondern die Dinge, die wir nicht getan haben.« Bei Pausch war im September 2006 Bauchspeicheldrüsenkrebs diagnostiziert worden, eine der heimtückischsten Krebsarten überhaupt. Ein Jahr später hielt er an seiner Universität eine Abschiedsvorlesung, an der Millionen Menschen per Internet bewegt Anteil nahmen und die die Grundlage seines Bestsellers bildete. Pausch hatte kurz zuvor erfahren, dass er trotz Operation und aggressivster Chemotherapie nicht mehr lange zu leben hatte. Gleichwohl nutzte er seinen Auftritt in der Universität zu einer selbstironischen Auseinandersetzung mit seiner persönlichen Lebensgeschichte. Ohne jede Form von Rührseligkeit berichtete er von seinem Kampf gegen den Krebs, der Beziehung zu seiner Frau und dem Schmerz, sich von seinen drei Kindern verabschieden zu müssen. Trotz seiner Krankheit sei er ein glücklicher Mann, fasste er zusammen, »weil ich meine Träume verwirklicht habe«.

Die Beobachtungen der australischen Sterbebegleiterin Bronnie Ware, die sie in ihrem Buch beschreibt, bestätigen dies: Es seien fünf Dinge, die Sterbende am Ende bereuen (»5 Dinge, die Sterbende am meisten bereuen – Einsichten, die Ihr Leben verändern werden«). Neben dem, was zu kurz gekommen ist – wie Familie und Freunde oder der Mut, die eigenen Wünsche zu verwirklichen –, rangiert auf Platz zwei der Liste das Bedauern, zu viel gearbeitet zu haben. Vor allem Männer sind in den letzten Tagen und Stunden ihres Lebens darüber bekümmert, dass sie »zu viel Zeit in der Tretmühle des Arbeitslebens« verbracht hätten. Es machte sie traurig, zu viel gearbeitet und zu wenig Zeit mit ihren Liebsten (Partnern, Kindern und Freunden) verbracht zu haben.

## Höher, schneller, weiter!

Wir sollten endlich aufhören, uns etwas vorzumachen: Unser Lebensstil – das ewige »Höher, schneller, weiter!« – ist schädlich für uns und den gesamten Planeten. Stress und Hektik resultieren aus dem Leistungscredo und Perfektionswahnsinn – und machen uns, die Umwelt und unsere Beziehungen schließlich kaputt. Immer nur das Gaspedal durchzutreten geht nun mal nicht: Wir brauchen Phasen, in denen wir uns ausruhen und regenerieren. Um wirklich weiterzukommen, müssen wir uns fragen, warum wir uns überhaupt den ganzen Stress antun. Geht es nicht eigentlich um die Sinnhaftigkeit unseres Handelns, also um den Fokus auf das Wesentliche? Nur wenn wir wirklich auf der Zielgeraden und in der richtigen Spur sind, lohnt es sich, Vollgas zu geben – im Klartext: Stress zu erzeugen. Bei all den vielen anderen Dingen, die weniger wichtig sind, könnten wir es definitiv lockerer angehen lassen. Im Alltag gilt es für den Einzelnen, realistisch zu prüfen, wann hundert Prozent Einsatz tatsächlich angemessen sind und ob sich die Bemühungen wirklich auszahlen. Wenn wir uns erst mal in eine Sache verbissen haben und uns bis zur Verkrampfung hineinsteigern, schütten die Hormondrüsen der Nebennieren Cortisol und Adrenalin aus, die Pupillen weiten sich, die Muskeln kontrahieren und die Herzfrequenz steigt: Auf in den Kampf! Bleibt der Organismus über längere Zeit in diesem (Ausnahme-)Zustand, zirkulieren die Stresshormone im Kreislauf. Wir erleben ein Gefühl permanenter Anspannung. Damit steigt das Risiko sowohl für physische als auch für psychische Erkrankungen. Alle Aktivitäten, die nicht unmittelbar für den »(Überlebens-)Kampf« nötig sind, werden zurückgefahren: Die Verdauung setzt aus, das Immunsystem wird gedrosselt, die Gefahr für Infektionskrankheiten steigt. Doch all diese Symptome sind vorübergehend. Weit gefährlicher sind die psychischen Folgen von dauerhaftem Stress wie Depressionen, Angststörungen oder etwa Burn-out. Typische Anzeichen sind beispielsweise starke Selbstzweifel, das Gefühl innerer Leere, Ängste und Todessehnsucht.

Männer sind von dieser Symptomatik stärker betroffen als Frauen, die zwar im Allgemeinen keineswegs stressresistenter sind, aber meist rechtzeitig den Stimmungsumschwung bemerken, früher die Rettungsleine ziehen und sich eher über belastende Lebenssituationen austauschen. Dies kann zu einer momentanen Entlastung und zur Lösung des Problems führen. Männern fällt die Preisgabe von Gefühlen und Ängsten hingegen häufig äußerst schwer: Sie ertragen stattdessen lieber die psychische Belastung – und nehmen die enormen gesundheitlichen Risiken in Kauf.

Die Ursache für andauernde innere Anspannung ist oftmals der Wunsch, es allen recht zu machen und überdurchschnittlich gut zu »performen«. Natürlich bringt uns das Streben nach Perfektion auf der Karriereleiter schneller höher und weiter – und schafft damit Erfolgserlebnisse sowie den Kick fürs Selbstwertgefühl. Der beständige Leistungsanspruch und die Angst vor Misserfolg können jedoch Körper und Seele krank machen. Gefährdet sind insbesondere Männer, die immer perfekt sein wollen: Höchstleistungen im Job, Gewinner im Sport, Ausdauer im Bett – und natürlich der Anspruch, der beste Papi der Welt zu sein! Die Maßstäbe sind hoch, aber ebenso groß ist die Angst, die Messlatte zu reißen. Bereits vor dem Absprung malen wir uns den tiefen Fall des Scheiterns aus: Gesichtsverlust, Abwertung, Untergang – die Schattenseite des Perfektionismus. »Es ist das Gegenteil von Freiheit«, bestätigt der Berliner Psychotherapeut und Sachbuchautor Dr. Bernd Sprenger. »Perfektionismus hat einen gewissen Zwangscharakter. Dahinter steckt oft der Versuch, existenzielle Angst in den Griff zu bekommen«, erklärt er (»Die Illusion der perfekten Kontrolle«).

Betroffene Männer blockieren sich mit ihren Selbstzweifeln. Sie setzen sich unter enormen Leistungsdruck, urteilen gnadenlos über ihre Fehler oder Schwächen. Charakteristisch ist die »Entweder-oder«-Perspektive: Entweder der Vortrag oder das Projekt ist perfekt – oder eben ein Reinfall. Hopp oder top, schwarz oder weiß. Dabei ist zwar ein positives Feedback »okay«, aber negative Kritik ist der K.o.-Schlag fürs Selbstbewusstsein. »Man wertschätzt sich nicht aus sich selbst heraus, sondern erst aus dem Urteil der anderen«, meint Christine Altstötter-Gleich (»Perfektionismus: Nie Personen kritisieren, lieber über Beziehung reden!«). Aus Angst vor negativer Bewertung schiebt man schwierige Aufgaben vor sich her – und vermeidet sie womöglich irgendwann. Die Folge davon sind Leistungseinbußen und negatives Feedback – »also genau das, was der Perfektionist tunlichst vermeiden wollte« (»Die Perfektionismus-Falle«). Wen wundert's also, dass Körper und Seele darunter leiden. Studien belegen einen Zusammenhang zwischen Depression und Perfektionismus.

Da hilft nur eines: das Tempo ein paar Gänge runterzufahren. Wir müssen uns Phasen der Erholung zugestehen, uns regelrecht ausstöpseln. Einfach mal fünfe gerade sein lassen. Nur dann werden die Stresshormone Adrenalin und Cortisol wieder abgebaut, die Herzfrequenz normalisiert sich, der Blutdruck sinkt, die Muskeln lockern sich. Gelingt dies nicht so ohne Weiteres, kann jegliche Form körperlicher Aktivität dazu beitragen, diese Regenerationskräfte anzukurbeln. Ein authentischer Yogaunterricht bietet zusätzlich pragmatische Konzepte für einen ausbalancierten Lebensstil und hilft dabei, nützliche Selbstwirksamkeitserfahrungen zu sammeln. Die Übungen stärken den Körper sowie die Atemkraft und steigern unsere Fähigkeit, den Herausforderungen des Lebens gelassener zu begegnen.

Eine Studie der University of Illinois hat ergeben, dass bereits eine 20-minütige Yogapraxis die kognitive Leistungsfähigkeit deutlich steigerte. Körperliche Aktivität kann zusätzlich zahlreichen Herz-Kreislauf- und Stoffwechselerkrankungen sowie Beschwerden am Halte- und Bewegungsapparat vorbeugen. Rein wissenschaftlich betrachtet lassen sich fünf körperliche Beanspruchungsmöglichkeiten unterscheiden: Koordination, Flexibilität, Kraft, Ausdauer und Schnelligkeit. Letztere spielt für die Gesundheit jedoch keine Rolle. Die anderen vier Beanspruchungsmöglichkeiten des menschlichen Bewegungsapparates werden im Yoga ausgiebig bedient. Um einen nachhaltig positiven Herz-Kreislauf-Effekt zu erzielen, bedarf es im Übrigen keines überbordenden Trainingsprogramms. Wenn man dann noch über die Ernährung nicht mehr Kalorien zuführt, als tatsächlich verbraucht werden, ist der Fettverbrennungseffekt beim Sport ebenfalls nebensächlich.

Das Beste, was sich also jeder Mann täglich gönnen sollte: 20 Minuten Bewegung an der frischen Luft, zehn Minuten Yogaübungen und etwa zehn Minuten bewusste Entspannung oder Meditation. Idealerweise in Verbindung mit gesunder, vollwertiger Ernährung. Eines ist dabei ganz wichtig: Im Gegensatz zu den meisten sportlichen Betätigungen geht es im Yoga darum, sich gut zu fühlen, und nicht vorranging, gut auszusehen. Neben diversen Körperhaltungen dienen dazu auch mentale Übungen.

Exkurs: UNPLUGGED –
ENTSCHLEUNIGUNG
Am Anfang war alles eins: Aus dieser Einheit ist das ganze Universum entstanden, die Natur in ihrer gesamten Vielfalt, wir Menschen. Das Eine ist in zwei Hälften zerbrochen und hat die Welt geteilt in oben und unten, links und rechts, weiblich und männlich, schwarz und weiß – dein und mein. Die Spaltung reicht tief in unser Bewusstsein und führt dazu, aus der Trennung heraus die Dinge zu benennen, zu unterscheiden, zu vergleichen und zu bewerten: ohne Gut kein Böse.

Wir entscheiden selbst über den Trennungsgrad, der uns bestimmt, indem wir uns quasi auf den Nordpol oder den Südpol festlegen. Übertragen auf unsere Lebensweise und den Alltag bedeutet dies, dass wir uns entweder eher für Aktivität, Kontrolle, Struktur, Geschwindigkeit entscheiden oder für Passivität, Hingabe, Auflösung, Langsamkeit; ob wir in der Einseitigkeit stagnieren, die wir uns mit der Kultivierung der Maxime »Höher, schneller, weiter!« aufzwingen, oder ob wir uns Spiel- und Freiräume eröffnen. Bei neutraler Betrachtung ist keiner der jeweiligen Zustände besser oder schlechter – alles zu seiner Zeit: mal aktives Yang, mal passives Yin. Wer allerdings immer am hochgetakteten Limit lebt und sich an äußeren Maßstäben misst, verlernt den Grundzustand des Seins, den Rückzug ins Innere, die tiefe Entspannung. Ein überaktiver Geist wirkt übers Nervensystem bis in die Tiefe des Gewebes hinein und der damit einhergehende Stress (ver)formt allmählich den Organismus.

Im Körpergewebe ist, wie im Stamm eines Baumes, unsere physische und psychische Verfassung »protokolliert«: Trauma, Verletzung, Wut, Angst, Stress, Anspannung etc. zeichnen sich hier ab und werden gespeichert. Eine moderate Yogapraxis, die beide Pole berücksichtigt und genug Zeit und Raum für den Prozess der Öffnung und Selbstbeobachtung lässt, bietet die beste Grundlage, mit sich selbst (wieder) in Kontakt zu kommen, Veränderung sowie Heilung zu bewirken, sich an den eigenen Grenzen zu spüren, lebendig zu werden, und gibt den Weg ins Reich der inneren Mitte frei.

## Der (Aus-)Weg des Yoga und der Achtsamkeit

Jede Form achtsamkeitsbasierter Bewegungstechniken stimuliert das endokrine System und verändert damit quasi den Stoffwechsel der Psyche. Die Stimmung hellt sich auf: Sich regen bringt Segen! Probleme, die zuvor riesig erschienen, lassen sich durch ein wenig Bewegung sehr bald in verkleinertem Maßstab betrachten – als Folge der psychochemischen Vorgänge, indem der Hormoncocktail einmal kräftig geschüttelt statt gerührt wird. Das Ergebnis sind Gelassenheit und innere Ruhe. Auf diese – entspannte – Weise wird es allmählich möglich, zu tieferen Einsichten ins eigene Wesen zu gelangen und jene Fähigkeiten zu entwickeln, die den Zustand der Selbstversenkung unterstützen. Dabei sind Techniken wie Yoga in ihrer Wirkung in etwa vergleichbar mit der Homöopathie, da es bereits in kleinen – täglichen – Dosen hocheffizient ist. Zur Wirkung kommt das ganze Spektrum von den eher »gymnastischen« Körperübungen bis hin zur Meditation. Yoga ist ein Gesamtkonzept, das von der Matte direkt aufs Leben übertragbar ist: eine spirituelle Disziplin oder Achtsamkeitspraxis, die dem Übenden hilft, in Kontakt mit seinem Körper, Geist und Herzen zu kommen.

Der Weg der unmittelbaren Selbsterfahrung ermöglicht einen tiefen Einblick in die komplexe Verflechtung allen Lebens und aller Dinge: eine mystische Reise auf dem individuellen Weg. Ziel ist letztlich weder allein ein flexibler Körper noch ein klarer Verstand … auch wenn der Körper, quasi als »Nebenprodukt«, dabei unweigerlich beweglicher und der Verstand ruhiger wird. Erfreulicherweise verwandeln sich beim Yoga oftmals schlaffe zu muskulösen Oberschenkeln. Sein mächtigstes Werkzeug ist jedoch der komplette Transformationsprozess. Das Ziel ist die Freisetzung der gesamten Lebenskraft. Es geht im ganzheitlichen Sinne darum, sich körperlich, geistig und seelisch nachhaltig wohlzufühlen. Um nicht mehr. Und um nicht weniger.

## Exkurs: WORK-LIFE-BALANCE – ARBEITEN, UM ZU LEBEN, ODER LEBEN, UM ZU ARBEITEN?

Schon bei der Begriffsdefinition zeigt sich das Dilemma: Wir unterscheiden zwischen »Leben« und »Arbeit« und trennen diese beiden Lebensbereiche, als wären sie unvereinbare Pole. Dies mag auf dem von den Benediktiner-Mönchen geprägten Grundsatz des »ora et labora« basieren, der die Arbeit in den Dienst der katholischen Sache stellte – und damit nachhaltig von Spaß und sinnlicher Freude befreite. Eine These, die heute – in Zeiten der Grenzverschiebung zwischen Erwerbs- und Freizeit – an Gültigkeit verliert. Stattdessen tritt die Frage nach der Sinnhaftigkeit des eigenen Tuns in den Vordergrund. Es geht also nicht darum, zwei getrennte Lebensbereiche miteinander zu verknüpfen, sondern vielmehr um die Auseinandersetzung mit der Frage, wie wir wirklich leben wollen.

Spätestens seit den 1960er-Jahren wurde das calvinistische Arbeitsethos »Leben, um zu arbeiten« kritisch hinterfragt und führte einerseits zu einer kollektiven Abkehr von den damit verbundenen Pflicht- und Akzeptanzwerten wie Fleiß, Gehorsam, Pflichterfüllung, Disziplin und Unterordnung und andererseits zum Streben nach Selbstentfaltung in Form von Selbstbestimmtheit, Unabhängigkeit, Gleichberechtigung, Mitbestimmung, individueller Entfaltung, Lebensfreude, Luxus und Zeitverschwendung. Der sich entwickelnde Psycho-Boom und die New-Age-Bewegung waren Ausdruck einer verstärkten Beschäftigung mit Körperlichkeit, Emotionalität und Verantwortlichkeit für das Lebendige. »Arbeitssucht« wurde als Zustand des »Burn-out« und damit als Krankheit bzw. seelisches Defizit diagnostiziert.

Die Sinnsuche kann unterschiedliche Dimensionen anneh-
men: Steht die eigene Person im Zentrum der Suche nach
dem Lebenssinn, so können Wünsche nach Befriedigung
körperlicher, materieller, sozialer und geistiger Bedürfnisse
dominieren. Auch im Streben nach Macht, Besitz, Ansehen
sowie Fortpflanzung, erfüllter Partnerschaft oder Selbstverwirklichung kann ein Sinn gesehen werden. Weitere
Möglichkeiten offerieren die Suche nach Erkenntnis, persönlicher Entwicklung oder eine Ausrichtung des Lebens-
sinns im Hinblick auf andere Menschen oder allgemein die
Umwelt. Über die menschlichen Beziehungen hinausge-
hend, bieten philosophische oder spirituelle Aspekte Optio-
nen, den tieferen Sinn unseres Daseins zu finden: Die Fragen nach dem Sinn oder Ursprung allen Seins, die Suche
nach Erleuchtung oder das Streben nach der Vereinigung
mit dem Absoluten bzw. Gott stehen hierbei im Mittelpunkt.

Doch häufig kommt es erst in einer existenziellen Krise
oder durch die Konfrontation mit der eigenen Sterblichkeit
zur Auseinandersetzung mit der Sinnhaftigkeit des eigenen Lebens. Arbeite ich, um zu leben? Oder lebe ich, um zu
arbeiten? Memento mori ... Verdrängen Sie nicht, dass wir
Menschen sterblich sind. Und arbeiten Sie mit Freude und
vollem Engagement, um gut, erfüllt und glücklich zu leben!

## Umwelt als Mitwelt

Neben den rein körperlichen Aspekten gibt es zahlreiche weitere Gründe, Achtsamkeitstechniken zu praktizieren: Wir entwickeln Selbstvertrauen, Mitgefühl,
Selbstakzeptanz, Toleranz für andere und verstärken

das Verantwortungsgefühl für die Welt, in der wir leben. Yoga ist weit mehr als eine Abfolge von Körperhaltungen. Es ist eine praktische Methode, unsere Lebensqualität in allen Bereichen entscheidend zu verbessern. Die Philosophie des Yoga bietet Ratschläge, wie wir uns ernähren, erholsam schlafen, entspannt arbeiten und mit anderen Lebewesen im Einklang leben können – ein Ratgeber für ein erfülltes Leben. Wir lernen, dem Alltag seine »Seele« zurückzugeben. Der Erlebnis-Junkie per se, Jochen Schweizer, äußerte in einem Interview: »Ich persönlich glaube, dass der Trend zur Entschleunigung geht, zur Ruhe und zur Stille. Wir leben in einer Welt, die immer schneller, bunter und lauter wird. Die Menschen sind einer ungeheuren Reizüberflutung ausgesetzt – und reagieren mit selektiver Wahrnehmung. Sie nehmen nur noch wahr, was hoch und spitz über der heutigen Wahrnehmungsschwelle daherkommt. Dagegen stehen Schweigeseminare, Zen-Meditation und richtiges authentisches Yoga, das zentriert, Ruhe zurückbringt und unempfindlicher macht gegen den Lärm der Welt. Und die Natur spielt eine immer größere Rolle – Schönes für kleines Geld« (»Der Endorphin-Dealer«).

Die spirituelle Praxis lehrt uns Demut gegenüber jeglicher Form des Lebens, zeigt die Grenzen menschlichen Handelns auf und akzeptiert diese. Demut verträgt sich in keiner Weise mit unreflektierter Fortschrittsgläubigkeit und progressivem Wachstumsfetischismus. Stattdessen praktiziert ein fortgeschrittener Yogi – ein spiritueller Krieger – von jeher Genügsamkeit, Mäßigung und Bescheidenheit. Ohne das Gefühl von Mangel und Entbehrung, wohlgemerkt.

Vor etwas mehr als 2000 Jahren formulierte der große Yogaphilosoph und Weise Patanjali in den Yoga-Sutras, wie wir zu unserer wahren Natur zurückfinden können. Diese sehr kurz gefassten Lehrsätze definieren Yoga als Methode, um ein gesundes, bewusstes und rücksichtsvolles Leben zu erlangen. Meister Patanjali gibt uns mit den Yoga-Sutras ein praktisches Übungssystem an die Hand, das auf drei Ebenen wirkt:

▶ Es fördert ein Leben in Harmonie mit der Umwelt,
▶ es unterstützt die Entdeckung unserer schlafenden Potenziale,
▶ es begünstigt die Verwirklichung des wahren Selbst, der spirituellen Wesensnatur.

In den Yoga-Sutras werden folgende acht Disziplinen erläutert:

1. »Yama« verkörpert das mitfühlende und gewaltfreie Verhalten gegenüber anderen.
2. »Niyama« bezeichnet die Regeln im liebevollen Umgang mit uns selbst.
3. »Asanas« heißen die Körperhaltungen und -übungen, die reinigend wirken.
4. »Pranayama« bewirkt die Atemkontrolle.
5. »Pratyahara« bezeichnet das Zurückziehen der Sinne.
6. »Dharana« ist mit einer Steigerung des Konzentrationsvermögens gleichzusetzen.
7. »Dhyana« entspricht der Vorbereitung auf die Meditation.

8. »Samadhi« erschließt das Wesen der inneren und äußeren Natur und stellt die Vereinigung mit dem Göttlichen dar.

Auf den Punkt gebracht, resümiert Patanjali, dass Begeisterung, Selbsterkenntnis und die Hingabe ans Leben der Schlüssel zu einem erfüllten und zufriedenen Leben im Hier und Jetzt sind. Der »achtgliedrige Pfad« eröffnet eine neue Sichtweise auf die Natur – die eigene und die uns umgebende. Ein Wegweiser, der hilft, über die Grenzen des gewöhnlichen Denkmusters hinauszugehen. Yogis, spirituelle Krieger, Druiden, Schamanen, Weise – sowie alle Menschen, die ihr Bewusstsein erweitern wollen – haben ein tiefes Interesse daran, von der Natur zu lernen. Patanjali weist darauf hin, dass die Trennung zwischen Subjekt und Objekt durch Unwissenheit verursacht wird und mit der Auflösung der Unwissenheit verschwindet. Das Ziel des Yoga ist die Einheit, die uns die volle Lebenskraft zurückbringt: Durch den Schleier der Dualität die Einheit zu erkennen und zu verstehen, dass es nicht entweder uns oder die anderen gibt, sondern dass wir alle Teil des großen Ganzen sind. Nur so können wir aus dem kollektiven Albtraum der Ängste und Konflikte erwachen und uns befreien.
Immer mehr Menschen – Männer wie Frauen – erkennen den tiefen Wahrheitsgehalt jener jahrtausendealten Schriften. Dies wird immer dringlicher und notwendiger, da die Zerstörung unserer Ressourcen bereits unseren gesamten Planeten erfasst hat: Von einer heilen Umwelt und der Symbiose aller Wesen hängt nun mal alles Leben dieser Erde ab. Es ist daher dringend notwendig, dass jeder Mensch die Verantwortung für seine

Entscheidungen und sein Handeln ganz bewusst übernimmt. Wir Männer sollten uns auf gar keinen Fall davon abbringen lassen, den Problemen unserer Zeit durch innere Einsicht sowie persönlichen Wandel – zugleich sanft und mutig – entgegenzuwirken. Auch wenn dies schlussendlich persönlichen und bewussten Verzicht bedeuten mag. Transformation generiert nicht nur Veränderung, sondern bewirkt gleichzeitig meist auch die maßgeschneiderten Lösungen, indem wir uns voll und ganz auf den Prozess einlassen.

Spiritualität lehrt uns, dass alles mit allem zusammenhängt. Nicht der Mensch ist das Maß aller Dinge, sondern die Gesamtheit der Natur. Dies setzt voraus, dass wir den Eigenwert des Lebens und der Natur anerkennen und zur Grundlage unseres Handelns machen. Deshalb haben Yogis Achtung vor der Gemeinschaft der Lebewesen, der Menschen, Tiere und Pflanzen, und tragen Sorge für die Erhaltung der Erde, der Luft, des Wassers und des Bodens. Wir sind alle voneinander abhängig. Jeder von uns hängt vom Wohlergehen des Ganzen ab. Das heißt beispielsweise auch, dass wir erkennen, wie unser Konsumverhalten mit der Armut in weit entfernten Ländern zusammenhängt. Oder dass wir uns gemeinschaftlich an die begrenzten Ressourcen unseres Planeten anpassen müssen.

Beginnen wir also ganz bewusst damit, Verantwortung für unsere Handlungen zu übernehmen. All unsere Entscheidungen, Taten und Unterlassungen haben Konsequenzen. Das ist das Gesetz von der Ursache und der Wirkung des Handelns (Karma). Das Problem liegt also im Menschen, nicht in der Natur. Wer sich innerlich entspannt, erkennt die natürlichen Wirkungsmechanismen der Welt und lebt damit im Einklang. Wir beginnen zu verstehen, dass alles miteinander verbunden ist und dass nichts ohne das andere sein kann. Spirituelle Praxis bietet eine wundervolle Methode, uns zum verlorenen Wissen um Balance und natürliche Heilung zurückzuführen.

Exkurs: MITGEFÜHL

Mitgefühl zeichnet sich durch die Fähigkeit aus, die Not anderer zu erspüren, Bedürfnisse zu erkennen, Schmerz wahrzunehmen, Trost zu spenden, Freude zu teilen. Mitgefühl wird auch als Empathie bezeichnet – die Fähigkeit, wahrzunehmen, was in einer anderen Person vorgeht, und auch darauf einzugehen. Mitleid und teilnehmende Freude sind zutiefst menschliche Emotionen. »Freude an der Freude und Leid am Leid des anderen, das sind die besten Führer der Menschen«, befand schon Albert Einstein (Alice Calaprice (Hrsg.): »Einstein sagt«). Ohne Empathie würde das Zusammenleben nicht funktionieren.

Eine grundlegende Voraussetzung für Empathie ist die Selbstwahrnehmung. Je besser man sich in der eigenen Gefühlswelt auskennt, desto leichter sind die Emotionen anderer zu deuten. Für die Ausbildung der Empathie sind die sogenannten Spiegelneuronen des Gehirns verantwortlich. Beim Anblick einer Person, die unter Schmerzen leidet, können exakt die gleichen Gehirnregionen aktiviert werden wie bei eigenen Schmerzen. Dieses mitfühlende Empfinden lässt sich nicht nur auf Emotionen, sondern auch auf Handlungen übertragen, z. B. bei der Betrachtung eines Films. Die Spiegelsysteme unseres Gehirns wandeln das, was wir sehen, um in das, was wir in der gleichen Situation tun oder fühlen würden. Dadurch gelingt es uns, uns ohne gedankliche Anstrengung in die anderen hineinzufühlen – die Wahrnehmungen, Emotionen und Handlungen werden rein intuitiv geteilt. Ausgeprägte empathische Fähigkeiten verbessern die persönlichen Beziehungen, führen zu einem höheren Maß an Motivation sowie Lernfähigkeit und größerem Vertrauen. Im Buddhismus ist Mitgefühl das Ziel aller Meditation.

# NEXT EXIT:
## CHANGE

Krieger I, II, III, Tanzender und Sitzender Held ... Die sogenannten Kriegerhaltungen sind äußerst herausfordernde, aber auch kräftigende und energetisierende Yogapositionen. Die Kunst besteht bei allen Übungen darin, nicht nur auf der Matte vollendet zu »posen«, sondern die entwickelten Eigenschaften wie Ausdauer, Standvermögen, Gelassenheit, Stärke etc. auf den Alltag zu übertragen.

Neun »spirituelle Krieger« – allesamt keine Poser, sondern Männer, die die Furcht sehr wohl kennen, aber mutig genug sind, dem Leiden nicht auszuweichen, mit ihren grundlegenden Ängsten umzugehen und ohne Zögern aus Schwierigkeiten zu lernen – standen für dieses Buch mit ihren Lebensgeschichten »Modell« und in vielen schwierigen bis ausweglos erscheinenden Situationen ihren Mann. Neun spannende Storys, mit der Tinte des Lebens geschrieben. Aber vorneweg will ich meine eigene Geschichte erzählen ...

# PATRICK BROOME
## Von einem, der auszog,
## um sich selbst zu finden

Standpunktkoordinaten:
Hier. Jetzt. Heute.

Im Jahr 2014 sind zwei äußerst bedeutungsvolle Dinge in meinem Leben geschehen, die auf den ersten Blick zunächst einmal herzlich wenig miteinander zu tun haben. Im Sommer dieses schicksalhaften Jahres wurde ich als Yogalehrer der Deutschen Fußballnationalmannschaft in Brasilien Teil der Weltmeister-Euphorie und erlebte alle Höhen und Tiefen der Spieler hautnah mit. Geführt wurden diese Männer von einem Trainerteam, das in die Fähigkeit der Mannschaft vertraute und dieser vor allem unterstützend zur Seite stand. Angeführt von einem Cheftrainer, der sich von kleineren und größeren Rückschlägen nicht aus der Ruhe bringen ließ und gelassen beobachtete, wie sich die Dinge ganz von selbst entwickelten und schließlich zum Großen und Ganzen zusammenfügten. Getragen wurde dieses Vertrauen von der Kraft der Zuversicht: vom unerschütterlichen Optimismus.

Die Psychologieprofessorin Dr. Astrid Schütz forscht seit vielen Jahren zu diesem Thema. »Optimismus heißt, positive Ergebnisse zu erwarten«, erklärt sie. »Die Grundannahme lautet: Es wird schon gut ausgehen« (siehe dazu Ingrid Kupczik: »Optimismus: Die Kraft der Zuversicht«). Dahinter steht das tief verwurzelte Vertrauen, dass die Dinge sich – irgendwie – in der gewünschten Weise entwickeln werden. In Verbindung mit einer hohen »Selbstwirksamkeitserwartung« wirkt diese Haltung wie ein Zauberspruch. Die Macht der Selbstwirksamkeit basiert auf der Überzeugung, dass die eigene positive Entwicklung selbst aktiv bewirkt werden kann. Forscher gehen davon aus, dass ein zuversichtlicher Charakter zu etwa 30 Prozent genetisch bedingt ist. Der weitaus größere Anteil resultiert jedoch aus dem Erleben positiver Lebenserfahrungen.

Zum anderen ging mit dem Tod des von mir hochgeschätzten indischen Großmeisters B. K. S Iyengar symbolisch die Ära des sogenannten Guru-Yoga zu Ende: Die Emanzipation des Schülers vom Lehrer war damit unausweichlich geworden. Yoga wirkt – unabhängig vom Kult und vom Lehrer, der seinen Schüler ein Stück weit führt und ihm hilft, sich auszurichten. Anschließend muss der Weg jedoch unbedingt auf eigenen Beinen fortgesetzt werden, damit der Schritt in die Selbstwirksamkeit gelingt.

Yoga wurde in den letzten Jahrzehnten mit allen möglichen Heilsversprechen überfrachtet: vom Weltfrieden über den Umweltschutz bis hin zur generalisierten Erlösung von sämtlichem Leid. Die Autorin Pearl S. Buck meinte dazu einst lakonisch: »Wer die Welt verbessern will, sollte gleich bei sich selbst anfangen.« Vielleicht dient Yoga ja einfach nur als »Werkzeug«, damit wir uns in unserem Körper etwas wohler fühlen und lernen, das Auf und Ab des Lebens zu meistern, uns von Rückschlägen zu erholen und gelassen durch den Alltag zu gehen. Der bekannte Yogalehrer David Swenson erklärte vor vielen Jahren einmal auf einem Workshop, dass er ohne Yoga verrückt werden würde. Der »Zauber« des Yoga wirkt also von selbst – ganz ohne Hokuspokus ...

## Nichts ist beständiger als der Wandel

Meine Geschichte begann vor fast einem halben Jahrhundert, als ich im beschaulichen Kulmbach geboren wurde. Zu jener Zeit also, als der Lieblingsmoderator meiner Mutter, Thomas Gottschalk, seinen Charme über den Äther versprühte. Einem Gerücht zufolge wurde ich nach einer feuchtfröhlichen Faschingsparty aufgrund eines verzögerten Coitus interruptus im Fonds des klapprigen VW Käfers meines Vaters Jim gezeugt. Die Begeisterung meiner damals knapp 19-jährigen Mutter hielt sich jedoch – verständlicherweise – in Grenzen, als sie von der Schwangerschaft erfuhr. Ich war kein Wunschkind. Und das spürte ich sehr schnell.

Weil meine Mutter arbeiten musste, um mich und meinen Vater, der noch am Abitur laborierte, zu ernähren, kam ich zu meiner Großmutter. Als mein Vater mit Pauken und Trompeten durchfiel, musste ein neuer »Businessplan« her: auf und davon nach Amerika – ein Jahr Highschool und dann dort auf die Universität. Also wurde ich im zarten Alter von etwa vier Monaten kurzfristig bei der Oma abgeholt und mit meinen Teenager-Eltern nach Kalifornien verschifft. Ich vermute, dass unser Leben dort einfach, aber happy war. Die Fotos dieser Zeit zeigen Regale aus Apfelsinenkisten, Mama im Food Store Co-op als Kassiererin und Papa Jim im Liquor Store als Verkäufer. Es war eine verrückte Zeit: Die Abbildungen von Adventskränzen, die Feuer fingen, und Nachtwandlern bei Vollmond sprechen eine eigene Sprache. Das Leben spielte sich hauptsächlich draußen ab.

Mit knapp fünf Jahren war der American Dream jedoch ausgeträumt und ich flog mit meiner sehr nachdenklich wirkenden Mutter über den Großen Teich zurück nach Deutschland. Die Beschwichtigungsparolen lauteten, dass Daddy bald nachkommen würde. Doch stattdessen trat Roger auf den Plan: ein trinkfester Exknacki, der mich mit den wildesten Geschichten über sein Leben als Boxer und Weltenbummler bei Laune hielt. Dass nichts davon auch nur annähernd der Wahrheit entsprach, war Nebensache. Roger beeindruckte mein kindliches Gemüt. Gemeinsam verfolgten wir nachts um eins Muhammad Alis Boxkämpfe und schwitzten mit ihm von Runde zu Runde: reine Männersache. Ansonsten war diese Zeit meiner Kindheit geprägt von Missverständnissen, Schulwegprügeleien und ungesühnten Ungerechtigkeiten.

Als »Schlüsselkind« war ich oft allein und unglaublich eifersüchtig auf die anderen Kinder, die nach der Schule von ihren Müttern und einem warmen Essen erwartet wurden. In den Ferien wurde ich bei Oma auf dem Land abgegeben. Aus heutiger Sicht weiß ich, dass es für meine Mutter keine leichte Zeit war und sie als Alleinerziehende diese Auszeiten von Kind und Kegel für sich brauchte. Doch ich fühlte mich abgeschoben und unerwünscht.

Ein paar Jahre später war dann auch Roger plötzlich von der Bildfläche verschwunden. Dafür kam Eduard ins Spiel: beruflich erfolgreich, zuverlässig und mitunter unglaublich spießig – das absolute Gegenteil von Roger. Nun folgte der soziale Aufstieg ... Aus der »Nürnberger Bronx« siedelten wir ans Prinzregentenufer der Frankenmetropole über. Meine Mitschüler beobachteten die Veränderungen misstrauisch und feindeten mich an, weil ich den Wechsel ins Gymnasium schaffte.

Was zu jener Zeit genau mit mir passiert ist, weiß ich nicht. Plötzlich wurde ich schwer depressiv, hatte jedes Gefühl für mich selbst verloren und entwickelte eine ausgeprägte Essstörung. Ein unablässiger Kampf mit meinem Körper, meinem Aussehen und meiner Umwelt, der ich mich immer weniger zugehörig fühlte, begann. Ich fühlte mich wie ein apathischer Zuschauer, der am Rande stehend sein eigenes Leben beobachtet. Ich hasste mein teigiges Gesicht und meinen schwammigen Körper. Und trotzdem knutschte ich mit den Mädels der Schule und des Viertels herum, als gäbe es kein Morgen. Im Alter von 14 Jahren wohnte ich quasi allein, mal bei Jim, mal bei meiner Tante Anita, und konnte nahezu unbeaufsichtigt tun und lassen, was ich wollte. In dieser Zeit ließen mein bester Kumpel Page und ich es so richtig krachen: jede Nacht unterwegs zwischen Kirchendisco und Privatparty. Meist mit nichts als einer Gurke im Magen, da diese einerseits sättigte und andererseits den Durst löschte. Ich empfand das Leben als herausfordernd: spannend, emotional aufwühlend, aber auch furchtbar anstrengend. Und dennoch fühlte ich mich, als ob ich mir von draußen durchs Fenster bei all dem rastlosen Treiben zuschaute. Alle Menschen um mich herum schienen mehr Spaß zu haben als ich. Ich hing fest und die nächsten zehn Jahre ging es genauso im Hamsterrad weiter. Es schien sich immer alles um die anderen zu drehen, aber niemals um mich.

Häufig leiden wir, weil wir uns selbst nicht kennen. Weil wir nicht wissen, woher wir kommen und wohin wir gehen. Wir wissen nicht, wer wir sind und wozu dieses Leben eigentlich gut ist. Das Leben erscheint einem immer dann als sinnlos, wenn es mechanisch gelebt wird und in Wiederholungen verläuft. Aus eigener Erfahrung weiß ich nur allzu gut, dass ein junger Mann oder Jugendlicher im Zustand derartiger Orientierungslosigkeit kaum etwas Sinnvolles zu leisten vermag bzw. am Gefühl der Sinnlosigkeit zerbrechen oder scheitern kann.

Es folgte der Umzug nach Köln – zurück ließ ich meine Freunde, mein Leben und mein Herz. In der Karnevalshochburg funktionierte ich wieder so, wie es von mir erwartet wurde. Rein äußerlich entsprach ich dem Bild eines Punks. Doch ich erschien jeden Tag pünktlich in der Schule und war dort einer der motiviertesten Schüler. Meine Katze Charly, die jede Nacht in meinem Arm einschlief, war mein stabilisierender Halt und der Quell meiner Liebe.

Dann erfolgte der erste Warnschuss. Ein paar Wochen vor dem Abitur wurde ich mit dem Motorroller von einem Auto umgefahren: regennasse Straße, Führerschein gerade erst seit drei Tagen in der Hosentasche … – doch wie genau es passiert war, wusste keiner. Die Krankenakte vermerkte, dass meine linke Körperseite völlig zerschmettert war: linker Oberschenkel komplett durch, der Oberarm ein einziger Trümmerhaufen, der Ellenbogen nicht mehr vorhanden, das Gesicht zerschnitten. Ich sah mich auf der Straße liegen und mit Sanitätern sprechen, die mich derart entsetzt ansahen, dass ich glaubte, sie beruhigen zu müssen. Anschließend das Klischee vom hellen Licht, sich verströmender Wärme und das tiefe Gefühl von Entspannung, Ruhe und Sicherheit. Ob dies nun eine Nahtoderfahrung oder das Resultat starker Schmerzmittel war, die mich noch drei Tage nach dem Unfall einen halben Meter über dem Bett der Intensivstation schweben ließen, vermag ich nicht zu sagen. Aber ich war sehr erleichtert, als ich meine Zehen endlich wieder bewegen und spüren konnte.

Der eigentliche Schock folgte erst, als mich meine Mutter besuchte. Ich reagierte auf die Begegnung mit Herzrasen, Panikattacken und Schmerz darüber, dass sie mich so sehen musste. Die Besuche von meinem Vater und Eduard verliefen hingegen weitaus entspannter. Jim futterte erst mal alle Gummibärchen weg, die mir Eduard mitgebracht hatte, dann folgten schräge Witze über die Narben in meinem Gesicht. Glücklicherweise hatte mich ein chirurgisches Genie wieder zusammengeflickt und dank diverser Ersatzteile aus Metall verheilte alles schnell und gut, sodass ich nach etwa einem halben Jahr auf Krücken wieder normal laufen konnte. Ich war mit zwei blauen Augen davongekommen.

Der Arzt, der mich weiterbehandelte, war allerdings der festen Meinung, dass ich von nun an als Frühinvalide einzustufen sei. Ich habe ihm das dummerweise geglaubt. Es hat ein paar Jahre gedauert, bis mich ein Freund beim Snowboarden zur Seite nahm und ein ernstes Wörtchen mit mir sprach: »Sag mal, Alter, so kannst du echt nicht rumlaufen. Du MUSST was für deinen Körper tun. Fang an mit Krafttraining oder so.« Es sollte allerdings noch etwas dauern, bis ein weiterer Freund mir mit ähnlichen Worten ins Gewissen redete und ich endgültig den Schalter umlegte.

Nach dem Abitur in Köln begann ich ein Psychologiestudium, zunächst in Frankfurt, dann in Aachen. Das Leben forderte die echte Reifeprüfung: erste Liebe, erster Betrug, erstes Trennungsdrama – ganz große Oper mit viel Herz und Schmerz. Ich fühlte mich trotz Gefühlsachterbahn weiterhin als Zuschauer im Abseits. Schließlich folgte eine wilde Zeit, geprägt von Sex, Drugs 'n' Techno. Unter der Woche absolvierte ich diszipliniert mein Psychologiestudium, am Wochenende stieg ich aus dem Leistungskarussell aus, um mich abzuschießen … Freitagabends aus dem Haus, sonntagnachmittags zurück. Auf Ecstasy fühlte ich mich nach sehr langer Zeit endlich wieder richtig lebendig.

Mein echtes »Erweckungserlebnis« hatte ich allerdings beim Wing-Tsun-Kung-Fu-Training. Diese Kampfsportart brachte mich zurück in den Körper, ins Hier und Jetzt. Ich war zwar komplett überfordert von den Übungen, aber restlos glücklich. Die nächsten drei Jahre verliefen nach dem Motto »Kampf«: Während der

Woche jeden Tag Kampfsport oder Krafttraining und am Wochenende Party bis zum Umfallen. Eine lange Strecke hielt ich ohne Drogen durch, doch dann schnüffelte und schluckte ich wieder alles, was mir zwischen die Finger kam. Viele gute Freunde gingen an den Drogen kaputt, landeten in der Psychiatrie oder im Gefängnis. Meine Rettung war das Angebot einer Promotionsstelle in München – und, mal wieder, eine neue Liebe. Mit einem Schlag gab ich meine destruktive Lebensweise auf und steigerte mich stattdessen in eine zerstörerische Beziehung hinein, die damit endete, dass meine neue Flamme mich mit meinem besten Freund betrog und nach einem Streit anzeigte. Dieser weitere Warnschuss rüttelte mich nun endgültig wach und ich ließ mich auf eine intensive psychotherapeutische Selbsterfahrung sowie eine Aus- und Weiterbildung in NLP und Hypnose ein.

Im Laufe dieses Prozesses traf ich auf einen meiner wichtigsten Lehrer, Dr. Günter Bayer alias »Mahasattva«, und betrat meinen Yogaweg. Neben dem Einprügeln auf Kissen, der Ausübung von bioenergetischen Übungen, dynamischer und Kundalini-Meditation brachte mir seine damalige Assistentin die ersten Yogaübungen bei. Etwas ganz tief in mir reagierte sofort. Auch wenn mein kompletter Körper schmerzte und ich kaum in der Lage war, die Übungen auch nur annähernd vollendet durchzuführen, fühlte ich mich angekommen. Das, was ich während der Yogapraxis spürte, erschien mir vertraut. Mit den Asketen, die in den Yogabüchern abgebildet waren und deren ausgemergelte Körper mir gefielen, sympathisierte ich ebenfalls sofort. Trotzdem war alles wieder schnell vergessen und verdrängt. Erst ein paar Jahre später, als ein Aushilfslehrer beim Kampfsporttraining Sonnengrüße zum Aufwärmen anleitete, machte es nachhaltig »OM«. Die Dehnübungen waren bereits fester Teil meiner Trainingspraxis, aber der Fluss und die Intensität während des Sonnengrußes packten mich. Kurze Zeit später stand ich in der Münchner Sivananda-Yogaschule auf der Matte, wohin mich jener Aushilfslehrer vermittelt hatte. Ab diesem Moment wurde Yoga zum festen Bestandteil meines Lebens.

Richtig durchgestartet mit Yoga bin ich im Jahr 1996, als ich in einem amerikanischen Yogamagazin einen Bericht über meine späteren Lehrer und Mentoren Sharon Gannon und David Life las. Ich war derart fasziniert von diesem Bericht, dass ich sie unbedingt treffen wollte. Gelangweilt vom »heiligen« Sivananda-Yoga und dessen Weltfremdheit, tauchten da plötzlich zwei Freaks im Punk-Outfit am Horizont auf und brachten Farbe – und vor allem Musik – ins Spiel und in die Praxis. Noch im gleichen Jahr packte ich meine Matte in den Koffer und reiste mit einer Freundin nach New York. Die Übungsklassen waren eine Offenbarung: ein Mix aus dynamischer Praxis, dröhnender Musik … und einer Magie, die mich auf allen Ebenen tief berührte. Plötzlich erschien alles einen Sinn zu ergeben. In der Entspannungsphase liefen mir Tränenbäche über die Wangen: Ich hatte meine Meister gefunden.

Die alten Schriften der Yogaphilosophie bezeichnen Erleuchtung als einen Prozess des Bewusstwerdens der eigenen Wertigkeit. Als ein Aufwachen für die Schönheit des Moments. In jenem Augenblick fühlte ich mich endlich »erwacht« und lebendig. Die Ernüchterung sollte bald folgen, aber in diesem Moment hatte ich endlich das Gefühl, dass es hier wirklich um mich ging und ich angekommen war. Dass ich meine spirituelle Heimat gefunden hatte. Von da an reiste ich zweimal jährlich in die USA, um dort meine Yogapraxis zu vertiefen: zunächst noch in einem völlig schrägen Nackt-Retreat-Center in Kalifornien, später zum jährlichen »Giving Thanks Retreat« etwas nördlich von New York im Ananda Ashram von Swami Brahmananda.

Vier Jahre später zog ich dann auf Einladung nach New York, um meine Lehrer bei der Führung ihres Yogacenters zu unterstützen und dort eine Yogalehrerausbildung zu absolvieren. Rückblickend wünsche ich mir oft, dass ich mir diesen desillusionierenden Blick hinter die Kulissen erspart hätte. Die versprochene gut bezahlte Beratertätigkeit im Center mutierte zum Aushilfsjob an der Rezeption und ein einjähriger Überlebenskampf in New York begann, um die teure Ausbildung zu finanzieren. Ein Leben aus dem Koffer, immer auf der Jagd nach einem leeren Apartment, in dem ich als Gegenleistung fürs Füttern properer Yogakatzen für einige Zeit günstig leben konnte. Die Ausbildungsklasse schrumpfte monatlich: Ein Schüler nach dem anderen zog frustriert ab. Warum ich die Strukturen dieses Systems zu jener Zeit nicht kritischer hinterfragt habe, ist mir heute selbst unklar. Nach diesem Selbsterfahrungsjahr im Big Apple kehrte ich also wieder ernüchtert statt erleuchtet an die Universität in München zurück. Einmal mehr gründlich desorientiert – nichts Neues.

Back in good old Germany landete ich über einige Um- und Irrwege schließlich in einer psychologischen Unternehmensberatung, wo ich neben dem Erlernen des Umgangs mit Printmedien viel Zeit hatte, Yogaworkshops in der Bayernmetropole zu organisieren. Die Events kamen gut an und in mir wuchs der Wunsch, ein eigenes Yogazentrum in München zu gründen. Als die Unternehmensberatung einen wichtigen Kunden verlor, mein Job damit infrage und plötzlich ein bezahlbarer Raum in guter Innenstadtlage zur Disposition stand, schalteten die Ampeln auf Grün. Alles erschien schicksalhaft arrangiert, die Sterne standen günstig. Also ließ ich mich kündigen, mittels Existenzgründungs-Unterstützung wurde das Büro angemietet und in ein Yogacenter umgewandelt. So entstand das erste Jivamukti-Yogacenter jenseits von New York.

Mit Freunden zog ich das Studio auf und wir hatten vor allem eines: eine richtig gute Zeit. Alle Beteiligten fühlten sich als Teil von etwas Besonderem, Neuem, Radikalem. Jivamukti war »hot, hip und holy«. Wir waren der festen Überzeugung, die Probleme der Welt auf veganem Wege zu lösen, und arrogant genug zu denken, dass nur diese einzig wahre Yogamethode die Menschheit – nein: alle Lebewesen! – befreien und den Planeten retten würde: »Transform Yourself with Jivamukti Yoga«. Unglaublich interessante, begabte und besondere Menschen schlossen sich mir und unserer Mission an und schon bald gründeten wir zwei weitere Yogacenter in der Stadt. Wir schöpften unser Potenzial gründlich aus, »veganisierten« München, bewegten ein paar Hundert Yogaschüler pro Tag durch die Center, reisten um die ganze Welt und trafen überall schillernde und inspirierende Menschen. Ich wurde eingeladen, an den schönsten Orten der Welt zu unterrichten, begann im Jahr 2005, der Deutschen Fußballnationalmannschaft Yoga beizubringen, und begleitete das Team während der Turniere.

Ein Jahr später zündete der Funke dann auch in Berlin und Jivamukti begann zu expandieren. Doch der Aufbruch in die Hauptstadt erwies sich als Desaster. Innerhalb von einem Jahr war ich pleite und musste Konkurs anmelden. Zwei Jahre später kehrte ich mit schwangerer Frau und einmal mehr desillusioniert nach München zurück. Hier wurde ich nicht sonderlich willkommen geheißen, die Zeiten hatten sich geändert und der Wind hatte sich gedreht. Business ist nun mal Business – das gilt auch für Yogis. Unter dem geschäftlichen Aspekt war dies natürlich verständlich, aber auf persönlicher Ebene eine äußerst schmerzliche und enttäuschende Erfahrung. Doch die Talfahrt war noch nicht beendet. Es sollte alles noch viel schlimmer kommen …

Kurz vor der Geburt meines Sohnes erhielt ich eine niederschmetternde Krebsdiagnose. Ich hatte mich bereits lange Zeit matt und entkräftet gefühlt, war kränklich und kraftlos. Daraufhin wurde mir ein Lymphknoten entfernt und der Befund der Analyse zum denkbar schlechtesten Zeitpunkt ausgestellt. Der Weg aus dem Kreißsaal führte direkt in die Tagesklinik einer Krebsstation. Es folgte eine Serie von Chemotherapie-Keulen, die ich meinem schlimmsten Feind nicht wünschen würde. Plötzlich musste ich mich neben den roten Geschäftszahlen der Berliner Misere mit meinem eigenen möglichen Tod befassen, während ich meinen kerngesunden, quietschvergnügten Sohn in den Armen hielt.

Jede Behandlung war ein kleiner Tod. Erstaunlicherweise hat mich diese qualvolle Tortur tatsächlich medizinisch geheilt, aber innerlich ist einiges verkümmert und sprichwörtlich abgestorben. Meine Ehe ging in die Brüche und die Beziehung zu meinen Geschäftspartnern war so vergiftet, dass es zum endgültigen Bruch kam. Auch die Verbindung zu meinen Lehrern hielt dieser Prüfung nicht stand. Die Situation überwältigte mich, ich verfiel erneut in eine schwere Depression. Irgendwie schaffte ich es während dieser schwierigen Zeit jedoch, meine Yogapraxis und das neue (alte) Yogazentrum aufrechtzuerhalten, die ausgebuchten Yoga-Retreats zu unterrichten und die Fußballnationalmannschaft während der Weltmeisterschaft in Südafrika zu begleiten. Nach außen war ich ein erfolgreicher, bekannter und respektierter Yogalehrer. Doch innerlich war ich leer wie ein Bambusrohr.

Meine Frau initiierte ein Treffen mit einem Paartherapeuten, um unsere kaputte Beziehung irgendwie zu retten. Jeff, der Therapeut, bot mir sofort an, in Einzelsitzungen weiterzuarbeiten. Für mich wurde diese Begegnung zum Rettungsring. Jeff brachte mich wieder zum Fühlen, zurück ins Herz und ins Leben. Etwa zur selben Zeit traf ich während der Yoga Conference in Barcelona auf Takis, einen Thaimasseur im Sunshine-Stil. Ich habe in meinem Leben viele körpertherapeutische Behandlungen erlebt, aber das, was Takis und sein Assistent Till bewirkten, ging weit über den Körper hinaus. Ich fühlte mich geborgen, geliebt, gesehen und konnte endlich loslassen. Jeder Druck, jegliche Anspannung und jeder Zwang, meinen Körper und die Umwelt zu kontrollieren, fielen bereits in den ersten Sitzungen von mir ab. Diese paar Tage in Barcelona stellten mich wieder auf meine Beine und versöhnten mich mit meinem Schicksal. Yoga, Thaimassage und Kirtan (das gemeinsame Singen von spirituellen Liedern) im Kreise liebevoller Menschen, dazu die wärmende Sonne Spaniens ... all das brachte mich wieder in meine Kraft und gab mir meinen Lebenswillen zurück.

Der Pfad des Yoga verlief in meinem Fall über sehr steinige Schotterpisten. Aber genau und vorurteilsfrei betrachtet handelt es sich eigentlich jeweils immer nur um Begegnungen, Erlebnisse und Erfahrungen. Die große Kunst und Herausforderung liegt darin, sich einzulassen und an den Aufgaben zu wachsen. Statt in Resignation über das Schicksal – mitunter eine Momentaufnahme des Lebens – zu stagnieren, ist es viel wichtiger, nährende und gute Erfahrungen zu sammeln, die letztlich als Initialzündung der Selbstwirksamkeit dienen und das Blatt – in welcher Situation auch immer – zu wenden vermögen. Ein spiritueller Krieger zu sein bedeutet für mich, anders zu denken. Umzudenken. Offen zu sein. Den Mut zu haben, auch mal anzuecken und flexibel zu sein. Genau dann weiterzumachen, wenn Kollegen, Freunde oder die Gesellschaft die eigenen Ideen kritisieren, anzweifeln und versuchen, sie einem auszureden.

An genau diesem Punkt stehe ich nun. Und kann mal wieder nicht anders ... Entgegen dem »Kastendenken« im gegenwärtigen Mainstream-Yoga schwimme ich bewusst gegen den Strom und versuche, Neuland zu erschließen: einen Yogaunterricht frei von Dogmen, frei von moralisierendem Ballast, frei von spirituellen Erlöserfiguren. Ein altes indisches Sprichwort sagt: »Find a Guru. Love a Guru. Kill a Guru.« Ich stecke mal wieder mitten im Prozess des Wandels.

Die Transformation spielt im Yoga eine bedeutende Rolle. Eigentlich geht es um nichts anderes, als Konditionierungen und Verhaltensmuster, die sich bis auf die körperliche Ebene auswirken, aufzulösen – sich der lähmenden Routine und zwanghaften Muster zu entledigen. Deshalb wird Yoga auch als »Werkzeug der Befreiung« bezeichnet. Damit Neues entstehen kann, muss das Alte zunächst zerstört werden. Die Natur, deren Teil wir sind, lebt es uns zyklisch und in unzähligen Formen beständig aufs Neue vor. Die Philosophien und Religionen haben diese übermenschlichen Kräfte lediglich dem Pantheon ihrer jeweiligen Gottheiten untergeordnet: ein Ministerium des Mysteriums ... Einer von unzähligen Versuchen des Menschen, Gott zu begreifen.

Nichts ist beständiger als der Wandel. Ich bleibe aufgrund der überwiegend positiven Erfahrungen, die ich ganz bewusst mitbewirkt habe, indem ich mal mehr, mal weniger offen war und mich eingelassen habe, optimistisch. Es wird schon alles gut ausgehen ... irgendwie. To be continued.

# OLIVER BIERHOFF
## Klar zur Wende, Käpt'n?

Oliver Bierhoff erblickt am 1. Mai 1968 das Licht der
Welt. Ein Sohn aus gutem Hause: Der Vater ist Vor-
standsmitglied bei der Rheinisch-Westfälischen Elektri-
zitätswerk AG, die Mutter kümmert sich um die Familie. Die Leidenschaft fürs runde Leder bekommt der
Knabe in die Wiege gelegt, denn der Vater war bereits
in der Jugend als engagierter Torwart der SG Düren 99
aktiv. Die fußballbegeisterten Eltern unterstützen den
sportlichen Eifer des Sprösslings und begleiten ihn auf
seinem Weg. Nebenbei singt er im Chor der Essener
Domsingknaben und absolviert das Abitur.
Oliver Bierhoffs Karriere beginnt mit dem Eintritt in
die A-Jugendmannschaft des erfolgreichen Vereins

Bayer 05 Uerdingen, wo er ab 1986 als Profi in der 1. Bundesliga spielt und durch eine ausgewogene Mischung von Talent, Leistung und Ausdauer überzeugt. In rasanter Folge wird er bald in der Bundesliga von Verein zu Verein gehandelt. Als junger Spieler bekommt er jedoch schnell das Auf und Ab des Profisports zu spüren und er erkennt, dass sich innerhalb eines Teams die Positionen sehr schnell herausbilden. Es ist für ihn eine schmerzhafte, aber lehrreiche Erfahrung, dass er sich weder bei Bayer 05 Uerdingen noch beim Hamburger SV zum Stammspieler hocharbeiten kann. In Borussia Mönchengladbach, wohin er für sechs Monate von Hamburg ausgeliehen wird, setzt er seine ganze Hoffnung, denn der Verein ist zu jener Zeit dafür bekannt, junge Spieler aufzubauen und sich entwickeln zu lassen. Doch Gladbach muss in diesem Jahr um den Abstieg spielen und dem Trainer fehlt die Zeit oder auch die Fähigkeit, ihn zu fördern.

Der Anfang verläuft schleppend bis frustrierend. Der junge Kicker tappt in die Identitäts- und Motivationsfalle, überlegt sogar, ob er den Profifußball an den Nagel hängen soll. Die Position des Stürmers erfordert ein Talent für taktische Spielzüge und Köpfchen. Er soll in erster Linie für die Tore seines Teams sorgen und wird nach seiner Chancenverwertung beurteilt. Nicht weniger und nicht mehr ... Der Druck, Treffer zu erzielen und Quote zu machen, lastet auf Oliver Bierhoff. Lehrjahre sind nun mal keine Herrenjahre. Er beißt jedoch die Zähne zusammen, arbeitet an seinen Schwächen und lernt, sich stärker ins Team zu integrieren.

Das Angebot des SV Austria Salzburg bringt die Wende. Zwar wird er dort zunächst als »Piefke« beschimpft, aber bereits beim ersten Heimspiel punktet er mit vier von fünf Toren, überzeugt auf ganzer Linie und steigt schnell zum Publikumsliebling auf. In Österreich erlebt er eine Atmosphäre echter Kollegialität jenseits des harten Konkurrenzkampfs – egal, ob Sieg oder Niederlage. Hier lernt er das kleine Einmaleins des Teamgeistes kennen – und erhält quasi den Kompass, nach dem das Handeln und Zusammenleben innerhalb des Teams ausgerichtet ist und der die Mitspieler einnordet, an die Hand. Die Trainer und Manager geben den Kurs vor. Schnell wird ihm klar, dass sich der Erfolg u. a. nach deren Integrität richtet – nämlich danach, ob sie die vorgegebenen Ziele und Werte auch selbst anstreben bzw. leben. Spieler besitzen einen hervorragenden Spürsinn für Unstimmigkeiten in der Führung. Sie integrieren sich dann gut und gehen aus sich heraus, wenn sie auf die Teamführung vertrauen und sich vorbehaltlos einlassen können. Werte wie Verlässlichkeit, Ehrlichkeit, Kameradschaft oder Toleranz sind dabei von essenzieller Bedeutung. Dies fördert kollegiale Empathie, den Stolz, ein Mannschaftsmitglied zu sein, das Identifikationsgefühl mit dem Verein, es bestärkt sie in ihrer Vision und bei der Umsetzung des Plans, der letztlich zum Ziel führt. Oliver Bierhoff erhält in dieser für ihn prägenden Lebensphase die wohl wichtigste Lektion in praxisorientierter Führung und angewandtem Teammanagement: learning by doing.

Nach nur einer Saison bei Austria Salzburg wird Oliver Bierhoff von Inter Mailand gekauft, jedoch gleich wieder weiterverliehen. In Italien zeigt er endlich, was in ihm steckt: Er kommt, zielt und siegt. Nach vier Jahren, knapp 50 Treffern und einem weiteren Wechsel gelingt der Durchbruch: 57 Treffer in 86 Pflichtspielen. Die Spielsaison 1997/98 ist eine einzige Glückssträhne, an deren Ende er als Torschützenkönig hervorgeht. Aufgrund dieser Erfolgsserie wird er zum Fußballer des Jahres in Deutschland gekürt. Von nun an stürmt er unaufhaltsam bergauf und steht im Fokus des Geschehens, ein Stürmer und Dränger mitten im Auge des Hurrikans. Im selben Jahr wird er vom AC Mailand verpflichtet, mit dem er 1999 italienischer Meister wird.

Er debütiert für die deutsche Nationalmannschaft, punktet weiter und qualifiziert sich schließlich 1996 für die Europameisterschaft, wo er mit zwei Treffern den Titel sichert: Golden Goal! Bis zur 69. Minute, dem Zeitpunkt der Auswechslung gegen den Teamkollegen Mehmet Scholl, hatte Oliver Bierhoff geglaubt, seine Karriere in der Nationalmannschaft sei beendet. Auf einen Durchbruch konnte er zu jenem Zeitpunkt kaum mehr hoffen. Doch es kam völlig anders: Krisen sind eben nun mal Chancen – oftmals mit katalytischem Potenzial. Nach dem Finale bestreitet er von 1996 bis 2000 alle Länderspiele und 1998 wird er zum Kapitän des Nationalteams ernannt: eine Ehre und Auszeichnung. Fairplay und Verlässlichkeit zeichnen den Gentleman im Trikot aus und stellen ihn an die Spitze der deutschen Nationalelf.

Als Vize-Weltmeister 2002 verlässt Käpt'n Bierhoff den Rasen und geht von Bord. Allerdings wendet er dem Fußball nicht den Rücken zu, sondern wechselt lediglich das Trikot gegen den Anzug. Zuvor schließt er jedoch noch während seiner Profizeit sein wirtschaftswissenschaftliches Studium mit dem Titel des Diplom-Kaufmanns ab. Als Teammanager an der Seite von Cheftrainer Jürgen Klinsmann tritt er nach einer kurzen Auszeit wieder an. Das innovationswillige Duo krempelt kurzerhand das Trainingsprogramm um und sorgt für frischen Wind sowie einige Sturmböen in den heiligen Hallen des DFB: Yoga und andere Entspannungstechniken halten unter anderem Einzug in den Kosmos und auf den Trainingsplan der harten Kerle. Oliver Bierhoff hat Yoga für sich zunächst persönlich entdeckt. Die Achtsamkeitspraxis hilft ihm, seine psychischen und physischen Probleme anzugehen, verleiht ihm – körperliche und geistige – Stärke und Flexibilität. Mittels Yoga gelingt es ihm, seine Energien zu fokussieren und zu kanalisieren. Er fühlt sich, besonders in stressigen Turnierphasen, nach einer Yogaeinheit erholt und voll neuer Energie. Der Teamchef setzt aus eigener Erfahrung und Überzeugung auf Yoga: privat und beruflich, individuell und kollektiv.

Die Kritik der beiden Reformer Klinsmann und Bierhoff an traditionellen Trainingsformen empfinden viele Trainer, Vereinsvorsitzende und Spieler als Majestätsbeleidigung. Auf den polarisierenden Radikalreformisten Klinsi folgt Jogi. Oli bleibt. Weil Bundestrainer Joachim Löw schnell zum Liebling der Nation avanciert, steht nun Manager Oliver Bierhoff in der Schusslinie: smart, eloquent, attraktiv, mehrsprachig und intelligent – für viele aus den alten Reihen eine Reizfigur. Mal wird er als altkluger Besserwisser beschimpft. Mal gilt er als arroganter Schnösel, als zu stark am Marketing orientierter »Event-Manager« bzw. Nutznießer in eigener Sache oder als »Ich-AG«. Harte Treffer unterhalb der Gürtellinie, die selten konstruktiv, sondern vielmehr affektiv sind und ins Leere zielen.

Oliver Bierhoff bleibt von der Kritik unerschüttert – erhebt den Sportler zur Marke, arrangiert millionenschwere Verträge mit Sportartikelproduzenten, Herrenmodeausstattern sowie Automobilherstellern, spielt Millionen in die Vereinskassen und demontiert das Bild des rüden Fußball-Macho mit Killerinstinkt. Seine Jungs sollen als weltoffene, kosmopolitische und faire Teamplayer die Spiele bestreiten, als Verlierer Haltung bewahren, im Spiel Fairness beweisen und als Gewinner Charakter zeigen. Mit diesem Konzept eckt er zunächst überall an. Doch er pfeift darauf, Everybody's Darling zu sein: Ob mit den Spielern auf dem Rasen, den Funktionären im Verband, den Trainern der Vereine oder den Journalisten der Gazetten – Oliver Bierhoff geht in die Konfrontation und spielt das Spiel nüchtern, aber beherzt. Er managt die Nationalelf nach zeitgemäßen Ansprüchen und modernen Kriterien, solange er unter Vertrag steht.

Was auf dem Rasen mit Roten und Gelben Karten unter den Augen von Millionen Zuschauern abgemahnt wird, muss er nun als Manager backstage hinnehmen. Die Boulevardpresse als Schiedsrichter. Oliver Bierhoff behält während diverser privater und beruflicher Turbulenzen starke Nerven, gutes Standvermögen und einen kühlen Kopf. Der Punkt »Teamgeist« steht ganz oben auf der Agenda des Managers und wird zur Chefsache. Macht macht einsam und ist out. Er setzt stattdessen auf modernes sowie innovatives Management und pflegt einen kooperativen Führungsstil, der alle Partner in den Entscheidungsprozess einbezieht. Mit klarem Kurs, definiertem Ziel und einem begeisterungsfähigen Team beginnt der Kurs der Nationalmannschaft zu steigen.

Doch ein dramatisches Ereignis überschattet den Aufwärtstrend des erfolgreichen Managers und zwingt ihn dazu, die Prioritäten neu zu setzen. Robert Enke, der Torwart der Nationalelf, begeht Selbstmord. Der Schock erschüttert die Kollegen und die ganze Welt zutiefst. Als Teammanager ist es Oliver Bierhoffs Aufgabe, der Mannschaft und den Medien die traurige Nachricht zu überbringen. Vordergründig wirkte der Torwart stets ausgeglichen, ruhig, entspannt. Ein nervenstarker Kämpfer, den nichts umhaut und der sich nach Niederlagen immer wieder aufrappelt. Was für ein Irrtum! Der Tag, an dem Oliver Bierhoff von Robert Enkes Suizid erfährt, wird zum schwärzesten in seiner bisherigen DFB-Zeit. Der Torwart stand zwischen Nummer eins und Nummer zwei in der Nationalmannschaft und stets ging es darum, ob er ein großes Turnier wie eine EM oder eine WM spielen sollte. Von außen war ihm nichts anzumerken. Es stimmt Oliver Bierhoff bitter, dass er sich von der Fassade des Nationaltorwarts und Freundes hat täuschen lassen und den dahinterliegenden Schmerz, die Angst, Depression und Verzweiflung nicht erkennen konnte. Das lässt ihn und die anderen »Familienmitglieder« des Teams beinahe verzweifeln. Weltweit nehmen die Menschen Anteil an dem tragischen Unglück. Noch am Abend seines Todes wird bei einem Pokalspiel von Enkes ehemaligem Verein FC Barcelona eine Schweigeminute abgehalten. Gottesdienst mit der hannoverschen Landesbischöfin, Trauermarsch mit rund 35 000 Menschen, Spielabsage, Gedenkfeier in der hannoverschen Spielarena, an der der Bundespräsident und ca. 40 000 Trauergäste teilnehmen. In allen Stadien werden Schweigeminuten abgehalten. Burn-out und Depression werden plötzlich im Fußball sowie in der ganzen Republik öffentlich thematisiert. Ein Tabu fällt, die modernen »Gladiatoren« zeigen Schwächen. Diverse Spieler und Trainer »outen« sich, bekennen offen, dass sie dem permanenten Leistungs-, Erfolgs- und Termindruck nicht gewachsen sind. Zunehmend öffentlich wird in diesem Zusammenhang diskutiert, ob jemand, der einen Burn-out oder eine Depression hatte, wieder zurückkommen und den alten Platz einnehmen kann.

Oliver Bierhoff glaubt aus eigener Erfahrung an die zweite Chance. Oberste Priorität haben für ihn jedoch die psychische und physische Gesundheit. Der Mythos der unendlichen Leistungsfähigkeit und Unverletzlichkeit ist nicht länger haltbar. Unter Druck kann prinzipiell Herausragendes entstehen – beispielsweise Erdöl, Diamanten oder Gold. Dies führt zu einem (An-)Spannungszustand, mit dem jeder entsprechend seiner Möglichkeiten anders umgeht: Den einen motiviert es, den anderen zermürbt es. Permanenter Druck führt jedoch zu Dauerstress und den gilt es zu vermeiden oder beispielsweise mittels Entspannungstechniken zu entschärfen. Es gehört zu Oliver Bierhoffs ganzheitlichem Führungsstil, gemeinsam mit betroffenen Spielern nach deren Genesung zu überlegen, was sinnvoll und möglich ist. Die befreiende Lösung ist einfach und lautet, dass es auch ein Leben neben und nach dem Fußball gibt. Der Manager der Nationalelf beweist, dass er kein Typ ist, der über Leichen geht. Der Spieler – der Mensch – steht im Vordergrund und im Mittelfeld des Geschehens. Der Weg in den Olymp des Sports darf den Profi niemals die Gesundheit oder gar das Leben kosten.

Das dramatische Ereignis zeigt Oliver Bierhoff und Jogi Löw jedoch, dass sie mit ihrem ganzheitlichen Trainingskonzept, das stressreduzierende Entspannungstechniken wie Yoga & Co. und die individuelle Spielerbetreuung integriert sowie die Work-Life-Balance anstrebt, den richtigen Ansatz gefunden haben. Der Nationaltrainer hält zu seinem Manager in guten und in stressigen Zeiten. Und schließlich machen sie – nach vielen Hindernissen und Hürden, kleinen und großen Dramen – gemeinsame und gewinnbringende Sache. Am Ende geht der Plan mit äußerst erfolgreicher Bilanz auf: Platz drei bei den Weltmeisterschaften 2006 und 2010, Platz zwei bei der Europameisterschaft 2008, Platz eins bei der Weltmeisterschaft 2014! Das bringt die Gegner, Zweifler und Kontrahenten endgültig zum Verstummen. Der Lotse und ehemalige Käpt'n kennt den Erfolgskurs und bleibt an Bord – ein geradliniger Senkrechtstürmer im Maßanzug, der auf dem Spielfeld neue Maßstäbe setzt, als Manager Haltung beweist und mit Köpfchen, Ausdauer und Taktik seine Ziele erreicht hat. Leinen los und klar zur Wende, Käpt'n!

# DIETER GURKASCH
## Leben reloaded

Darf ein ehemaliger Schwerverbrecher das Hohelied der Liebe und die Tugenden des Yoga predigen? Dieter Gurkasch kehrt nach 25 Jahren im Gefängnis – davon mehr als sieben Jahre in Isolation – wegen schwerer Raubdelikte, einem Ausbruch und einem Mord im Alter von 50 Jahren ins normale Leben zurück. In eine Gesellschaft, die er zutiefst verachtet hat und die er das Fürchten lehrte. Heute präsentiert er sich in der Öffentlichkeit als ein zur Liebe konvertierter Yogi. Das Äußere passt: die Stimme sanft und sonor, der Händedruck fest, der Blick geradlinig. Die blonden Locken zeichnen die Konturen weich. In der kurzen Zeitspanne auf freiem Fuß hat er Erstaunliches geleistet. Auf eine Yogalehrerausbildung folgte bei einem renommierten Verlag die Biografie »Leben reloaded«, in der er tiefe und aufwühlende Einblicke in sein Leben gibt. Ein Versuch der Rehabilitation.

Grenzgänger wie Dieter Gurkasch werfen Fragen auf. Er versucht das Unmögliche und stellt sich dem öffentlichen Diskurs um seine Person. Wie tickt dieser Mensch? Was treibt ihn an, rastlos durch den gesamten deutschsprachigen Raum zu touren und seine Geschichte wieder und wieder zu erzählen? Der von ihm mitgegründete Verein YuMiG e. V. – Yoga und Meditation im Gefängnis – ist Teil der Aufarbeitung seiner Geschichte. Der Verein will Gefangenen in der Haft per Yoga ein »Werkzeug der Befreiung« an die Hand geben und ihnen helfen, »draußen« wieder Fuß zu fassen, sowie einen Impuls der Versöhnung in die Gesellschaft tragen. Schuld und Sühne ... Versöhnung ist sein Lebensthema: In diesem Punkt ist er ein echter Überzeugungstäter, der Menschen begeistern kann und die sozialen Netzwerke zu nutzen weiß. Dadurch wird eine breitere Öffentlichkeit sowie die bunte Welt der Medien auf ihn aufmerksam. In diversen Talkshows und Interviews soll an der Oberfläche ausgelotet werden, was sich nur in den tiefsten Schichten des Bewusstseins vollziehen kann: Ist ein Mensch imstande, sich grundlegend zu ändern?

Der Transformationsprozess des bis zu jenem Tag als unberechenbar und gewaltbereit eingestuften Dieter Gurkasch beginnt am 9. Juli 1997. Blick zurück: Nach einem Gefängnisausbruch im Jahr 1988 verbringt er sieben Monate in Isolationshaft. Anschließend zettelt er eine Gefangenenrevolte mit an, wofür er nochmals vier Jahre in Isolation kassiert. Danach wird er über den sozialtherapeutischen Vollzug in die Freiheit entlassen. Er ist erst kurze Zeit auf freiem Fuß, als er auf offener Straße in eine Schießerei mit der Polizei gerät, aufgrund derer das Gericht ihn zu zwölf Jahren Haft, zwei Jahren und drei Monaten Bewährungswiderruf und anschließender Sicherungsverwahrung verurteilt. Im Kugelhagel wird er schwer verletzt und muss zweimal reanimiert werden. Er spricht davon, gestorben zu sein. Als er im Vollzugskrankenhaus aufwacht, ist er durch Fußketten, Schläuche, Bandagen und die eigene Schwäche ans Bett gefesselt.

Der Zustand derartiger Machtlosigkeit ist für ihn neu. Befremdend ist auch das urplötzlich abhandengekommene und bis dahin lebensbestimmende Gefühl des Hasses. Es ist schlicht und ergreifend nicht mehr Teil seiner »Programmierung«: »Die Wut und der Hass, die mich bislang immer davor geschützt hatten, mich tatsächlich tiefer einzulassen, mich auch intensiver mit mir selbst und meinem Ich zu beschäftigen, waren plötzlich nahezu verschwunden.« Wut sei der Wächter der Trauer und Aggression beschwichtige die Angst, kommentiert er. Und die galt es bislang, mit allen zur Verfügung stehenden Mitteln – Drogen, Exzessen, Gewalt – zu unterdrücken. Er ist inzwischen davon überzeugt, dass jenseits der Angst, die einer der stärksten Motoren für unsere Handlungen zu sein scheint, die Urkraft der Liebe wirkt. Ein Zustand, für den es keinen Gegenpol gibt. Hass, Wut und Zorn seien nur der Versuch, den Schild dagegen aufrechtzuerhalten. Jesus, das Synonym für bedingungslose Liebe, wird für ihn zum sprichwörtlichen Heiland. Dieter Gurkasch wird gläubig. Doch der Weg ist steinig. Der Mangel an Hass impliziert eben noch nicht automatisch absolute Liebe. Seiner Freundin, die er »Fee« nennt, bleibt die Veränderung nicht verborgen. Sie glaubt an ihn und hält zu ihm in der Krise. In guten wie in katastrophalen Zeiten. Ihre Hochzeit findet hinter Gittern statt. Ohne sie wäre er vermutlich nicht mehr am Leben, resümiert er.

Jene Fee übergibt ihm eines Tages während eines Besuchs ein Buch, das sein Leben auf den Kopf stellt. Ein Buch über Yoga. Fünf einfach zu praktizierende Übungen – die »Fünf Tibeter« – versprechen die Erlösung aus dem Teufelskreis. Er hat nichts zu verlieren. Und keine ausreichenden Widerstände mehr, sich diesem Angebot zu verschließen. Also lässt sich der schwere Junge auf die »Mädchengymnastik« ein und beginnt, heimlich zu üben. Die Steine kommen ins Rollen und die Fassade fängt allmählich zu bröckeln an. Gemäß seiner Natur wählt er den Weg des Extrems: ganz oder gar nicht. Aufgrund des unerwartet positiven Lebensgefühls treibt er seine Praxis voran und wird zum anfangs amüsierten, im Verlauf zunehmend staunenden Beobachter der eigenen Veränderung. Die Tage des Rückzugs in den blanken Hass und die Zerstörungswut sind endgültig gezählt.

Sein Umfeld nimmt ihm die Wandlung vom Saulus zum Paulus allerdings nicht so ohne Weiteres ab. Wer einmal lügt, dem glaubt man nicht. Und einem Typ seines Kalibers schon gleich zweimal nicht. Die Gutachter zeigen sich unbeeindruckt und bleiben bei ihren vernichtenden Urteilen. Dieter Gurkasch setzt sich jedoch über die Zweifel hinweg und vertraut auf den eingeschlagenen Pfad. Seinem Vorbild Jesus machten schließlich noch ganz andere Kalamitäten zu schaffen. Und mit ihm steht er im inneren Dialog: »Jesus saß auf meiner Bettkante«, sagt er und meint es ernst. Ein Mörder als neuer Messias? Oder einfach nur ein spiritueller Scharlatan, der, auf den Esoterik-Trip gekommen, die schwarze Lederjacke zur weißen Weste wenden will? Vollzieht sich tatsächlich auf sieben vergitterten Quadratmetern durch ein paar simple Yogaübungen das Wunder der Wandlung? Die Analogie zum Mönch in der Zelle drängt sich auf. Statt Drogen konsumiert der ehemalige »Politoxico-Man«, wie er sich selbst im Rückblick bezeichnet, nun alles an spiritueller und esoterischer Literatur, was seine Frau und die Gefängnisbibliothek beschaffen können. Er will wissen, welche Kräfte da wirken. Und er will sich damit verbinden. Fee bewegt sich im Paralleluniversum Freiheit auf dem gleichen Orbit. Beide erkennen einen Hoffnungsschimmer darin, durch spirituell tiefgreifende Erfahrungen ihr Bewusstsein zu ändern und den Sinn des Daseins zu finden. Dieter Gurkasch vergräbt sich tage- und nächtelang über Jahre hinweg in die Literatur, praktiziert Übungen, durchläuft einen sich selbst verordneten Entzug und konvertiert zum Vegetarismus. Eine Kundalini-Auslösung folgt. Nach der tantrischen Lehre wohnt in jedem Menschen eine Kraft, die Kundalini genannt wird. Durch yogische Praktiken soll sie erweckt werden können und aufsteigen, wobei sie bewusstseinserweiternd wirkt. Die Auslösung reduziert sein bisheriges Normalgewicht um über 30 Kilogramm, raubt ihm den Schlaf und versetzt ihn in eine – trotz exzessiven Drogenkonsums – nie gekannte Form anhaltender Ekstase. Ein unglaubliches Wonnegefühl überkommt ihn, die reine Glückseligkeit. Was er bislang lediglich aus der Literatur kannte, empfindet er nun am eigenen Leib: Spirituelle Erweckungserlebnisse sind mit großer Ekstase verbunden, genauso wie mit äußerster Klarheit und großer Tiefenschärfe. Die Sichtweisen erweitern sich so sehr, dass sich daraus zwangsläufig neue Verhaltensmuster ergeben.

Eine aufwühlende Phase der inneren und äußeren Reinigung folgt und Dieter Gurkaschs Leben ändert sich radikal. Er resozialisiert sich im Verlauf des Wandlungsprozesses. Er meldet sich zur Mitarbeit in der Gefängnisbibliothek, obwohl er bislang jegliche Form von Arbeit strikt verweigerte. Seine pragmatischen und organisatorischen Fähigkeiten, die er bereits als erfolgreicher Räuberhauptmann und respektierter Chef von Verbrecherbanden optimiert hatte, kommen ihm dabei zugute. Er ordnet, katalogisiert und verwaltet, listet den Bestand auf und ergänzt, staubt die Bücherregale ab und macht sich als versierter Bibliothekar bei den anderen Häftlingen beliebt.

Ein völlig neues Lebensgefühl erleuchtet seinen Alltag: Die geregelte und kundenorientierte Arbeit bewirkt Zufriedenheit. Dieter Gurkasch macht Überstunden und wird zum nützlichen Dienstleister. Seine bisherigen »Qualitäten« kann er einsetzen und so Blatt um Blatt seiner scheinbar aussichtslosen Biografie wenden. Auch im Kulturprogramm des »Culture Club Santa Fu« beginnt er kräftig mitzumischen und Künstler von »draußen« anzuwerben, um Licht ins Dunkle der Knastroutine zu bringen. Der gefürchtete einsame Wolf wird lammfromm. Das ruft den Anstaltspfarrer auf den Plan: Er wird Ansprechpartner und Vertrauter. Zwischen den beiden entsteht ein Dialog über Gott und die Welt sowie eine Freundschaft, die bis heute anhält. Der Pfarrer beobachtet die Veränderung von Dieter Gurkasch anfangs, wie alle anderen auch, mit Skepsis. Doch er erkennt, dass sich hier ein Mensch trotz negativster Prognosen in unterschiedlichen Gutachten nicht brechen lässt, nicht resigniert oder verzweifelt. Als der Häftling ihn bittet, sich bei der Anstaltsleitung für die Gründung einer Yogagruppe einzusetzen, nimmt er ihn ernst. Gemeinsam führen sie gegen alle Widerstände die Mädchengymnastik in die abgeriegelte Hochburg und uneinnehmbare Festung der harten Kerle »Santa Fu« ein. Die Revolution, die Dieter Gurkasch in der Freiheit und per Ausbruchsversuch während der ersten Haftzeit anzetteln wollte, kommt nun auf völlig anderem Wege in Gang: Er knackt seine Kumpels per Yoga auf, bringt sie zum Weinen und Nachdenken, in achtsame Bewegungsabläufe und in die Tiefenentspannung.

Die regelmäßig praktizierten Yogaübungen und Meditationen, die Kundalini-Auslösung, das Leiten der Yogagruppe, die Organisation der Kulturveranstaltungen, die Öffnung für seine Mitmenschen und das Erkennen von Chancen für einen möglichen Neubeginn bewirken die Wende. Dieter Gurkaschs Frau und die Kumpels im Knast registrieren es. Es gibt nur ein gravierendes Problem: Die Anstaltsleitung von Fuhlsbüttel glaubt nicht an seine Veränderung. Sie hält alles für eine inszenierte Show und orientiert sich an dem vom Gericht gesprochenen Urteil, das ihn als Gangster abstempelt, der aufgrund einer schweren Persönlichkeitsstörung nach Absitzen der Haftstrafe in Sicherungsverwahrung gehört. Dass sich ein Mensch verändern kann, neue Wege geht, seine entwickelten Ansichten vertritt und lebt, sieht die Aktenlage nicht vor.

Trotz aller positiven Entwicklungen beginnt Dieter Gurkasch, mit Gott zu hadern. Eigentlich sollten bereits 2006 Vollzugslockerungen greifen, sodass seine Entlassung für 2007 bewilligt werden kann. Aber die Justizvollzugsanstalt sieht dies völlig anders. Es gibt keinerlei Signale, dass er wieder in die Freiheit kommt. Diese pessimistische Prognose lässt ihn fast verzweifeln. Heute versteht er diese schwere Phase als Prüfung und ist dankbar für den folgenden völlig unerwarteten »Rausschmiss aus dem Knast«, weil er ansonsten einen geregelten Übergang durchlaufen hätte – mit Freigang und Job auf Bewährung etc. Er glaubt, dass er auf diese Weise niemals auf seinen Weg gekommen wäre, weil er sich einen Job gesucht hätte und ganz konventionell ins Leben zurückgekehrt wäre.

Am 30. November 2011 erhält er um 15 Uhr die Nachricht seiner Entlassung. Und um 17 Uhr steht er mit zehn Müllsäcken voller Kram, der bis dahin sein Leben bedeutet hat, vor den Toren von Santa Fu. Plötzlich ist er frei. Die abrupte Entlassung stellt ihn vor völlig neue Herausforderungen. Das Lösen einer Fahrkarte via Monitor eines EC-Automaten lässt ihn beinahe verzweifeln. Skypen, chatten, mailen, twittern – er hat von alledem keine Ahnung und muss sich mit viel Disziplin ins Hier und Jetzt updaten. Aber er hat einen roten Faden, der ihn zuverlässig durch diese herausfordernde Phase navigiert: die tägliche Yogapraxis – ein fester Bestandteil seines Lebens, den er in den neuen Alltag integrieren kann. Und Stück für Stück baut er sich seine neue Existenz in Freiheit auf. Er gründet gemeinsam mit anderen Yogalehrern, die wie er im Gefängnis unterrichten, und seiner Frau den Verein YuMiG e. V. Der

Rest ist die Fortsetzung seiner unglaublichen Geschichte, die das Leben bei anhaltendem Spannungsbogen weiterschreibt.

Mit der Schuldfrage wird Dieter Gurkasch immer wieder in Diskussionen, Talkrunden und auf seinen Lesungen konfrontiert. Er beantwortet sie heute aus seinem Glauben heraus. »Wenn du allen Wesen, die an dir schuldig geworden sind, vergibst – von ganzem Herzen –, dann löst sich auch deine Schuld auf. Das ist der Grund, warum Jesus in die Welt gekommen ist: um alle Schuld zu tilgen; diese Stricke, mit denen wir uns über Schuld aneinander binden, zu durchtrennen und durch Vergebung aufzulösen. Unabhängig davon, ob die Menschen, an denen du selbst schuldig geworden bist, dir vergeben. Damit fesseln sie sich an die Tat. Sobald du ernsthaft und aufrichtig allen Menschen vergibst, löst sich deine Schuld. Wir sind immer sowohl Opfer als auch Täter.« Er fügt hinzu, dass letztlich das Leben ihn selbst begnadigte: »Es hat fast 25 Jahre gedauert, bis ich endlich akzeptierte: Nicht mein, sondern Sein Wille geschehe.«

Dieter Gurkasch weiß, dass das, was er getan hat, nicht wiedergutzumachen ist. »An jenem dunklen Tag, am 6. August 1984, als ich in einem kleinen Hamburger Supermarkt die Ladenbesitzerin ermordete, wurde ich durch meine Gewalttat zum Schicksal dieser mir bis dahin unbekannten Frau. Und sie wurde zu meinem Schicksal. Ich konnte erst spät die Trauer zulassen. Denn ich hatte Angst vor ihrer Wucht, die mich erst zerbrechen musste, um Verdrängtes zu empfinden. Die Verzweiflung darüber, dass das Geschehene unabänderlich ist, treibt mich inzwischen dazu an, mittels Yoga und

Meditation ein Stück weit Frieden in die Gefängnisse und damit in die Gesellschaft zu bringen.« Das Prinzip Glaube, Liebe, Hoffnung wirkt – der ehemalige Schwerverbrecher trägt heute seine Geschichte während Lesetourneen durch Gefängnisse, Yogastudios, Schulen sowie andere Einrichtungen wieder und wieder vor und stellt sich den Fragen. Er weicht nicht aus, sondern geht in den Prozess der Aufarbeitung, um sich selbst, seinen Gutachtern und anderen zu beweisen, dass Wandlung möglich ist. Türen und Tore öffnen sich. Die Yoga-Community bietet dem geläuterten Schwerverbrecher die zweite Chance für den Neustart und trägt seine Mission engagiert weiter: Leben reloaded.

Dieter Gurkasch wird immer ein Mensch bleiben, der auf Bewährung lebt. Der Mord hat sich unauslöschlich in seine Vita eingemeißelt. Die Gesellschaft kennt kein Pardon und bleibt bei ihrem Urteil: In den Medien wird über seine Glaubwürdigkeit spekuliert und die öffentliche Meinung dreht die Fahne ihrer Überzeugung je nach Windrichtung. Kritik hält er gut aus. Unreflektierte Vorurteilsbildung weniger. Jesus Christus ist als »Licht der Welt« auf die Erde gekommen, um die Sünden der Menschen hinwegzunehmen. Ein ins Licht aufgestiegener Meister. Sein Antagonist ist Luzifer, der »Lichtbringer«: eine engelhafte Lichtgestalt, die den ihr angedachten Rang nicht akzeptierte und sich gegen den Schöpfungsplan auflehnte. Er erfuhr die höchste Strafe des Jüngsten Gerichts und fiel aus Gottes Hand in die niedrigsten Tiefen. Ein in die Dunkelheit gefallener Engel. Hochmut kommt vor dem Fall und lässt sich in der bewussten Reinszenierung – quasi in der »Wiederauferstehung« – zum hohen Mut transzendieren. Ein

Wechselspiel von Licht und Schatten … je nach Perspektive.

Uns Menschen steht es nicht zu, über die Lebenden und die Toten zu richten. Der Soldat, der heute in der Kaserne seinen routinierten Dienst schiebt, kann morgen zum Mörder in einem Krieg werden. Der Banker im Maßanzug hat möglicherweise durch Spekulationsgeschäfte Millionen Hungertote in Afrika auf seinem Konto zu verbuchen. Dies relativiert einen vorsätzlich begangenen Mord in keinster Weise. Wenn die Vergangenheit allerdings keine Chance bietet, kann die Zukunft keine Hoffnung sein – und das Leben in der Gegenwart ergibt keinen Sinn. Die Frage, ob ein Mensch sich grundsätzlich verändern kann, lässt sich nur diskutieren, wenn wir alle – individuell und kollektiv – auf den eigenen Schattenanteil blicken und ihn tatsächlich akzeptieren. Insofern stellt sich vielmehr die Frage, ob die Gesellschaft es sich im Rahmen dieses Diskurses leisten kann, auf einen Grenzgänger zwischen Licht und Schatten wie Dieter Gurkasch zu verzichten, der öffentlich vorlebt, dass der tiefste Fall kein Grund sein muss, den Teufel auf ewig an die Wand zu malen.

# CARSTEN EHRHARDT
## Home is where my soul is

Carsten Ehrhardt wächst zwischen zwei Brüdern in einer liebevollen und behüteten heilen und überschaubaren Welt in Bayern auf – der Vater ist Maschinenbauingenieur, die Mutter arbeitet als Arzthelferin. In den heimischen vier Wänden mit ausreichendem Spielraum, schönem Ausblick und in guter Lage herrscht zwar turbulentes Leben, aber jeder ist zunehmend mit dem »eigenen Film« beschäftigt. Die Eltern vermitteln den Söhnen die christlichen Werte, die sich allerdings – bei genauerer Betrachtung des Heranwachsenden – als eine Art pseudoreligiöses bis nahezu atheistisches Konstrukt entpuppen. Fernsehen ist bis auf wenige Ausnahmen tabu, dafür wird Sport ganz großgeschrieben. Die

Ehe der Eltern scheint ein Kompromiss zwischen Erwachsenen zu sein, denen der echte Dialog fehlt. Der Vater, ein regelrechtes Arbeitstier, der viel unterwegs oder in seiner eigenen unnahbaren Welt ist, betrachtet das Leben aus einer distanzierten und rationalen Perspektive. Gefühle sind in diesem Haushalt eben nun mal Nebensache und fallen unter den Tisch.

Bis zum Eintritt ins Gymnasium fühlt sich Carsten Ehrhardt im Mittelfeld eines großen Bolzplatzes zu Hause: Eishockey, Basketball, Skaten … überall ist er mittendrin statt nur dabei und erweist sich als guter, fairer und beliebter Teamplayer. Die Grundschulzeit absolviert er mit minimalem Aufwand und problemlos. Mit den Anforderungen des neuen Stundenplanes am Gymnasium ändert sich allerdings sein Leben. Fürs Lernen alter und neuer Sprachen, der Naturwissenschaften und sonstiger Lehrinhalte hat er kein Sitzfleisch. Weder Vater noch Mutter sind nach der Schule Ansprechpartner für den Jugendlichen, um dessen Fragen zu beantworten oder ihm Hilfestellung bei der Überwindung schulischer Hürden zu leisten. Eine Sphäre von Desinteresse, antiautoritärer Erziehung und mittelständischem Familienalltag umgibt ihn. Er verfügt zwar über viel Freiheit, jedoch über zu wenig Struktur, um das Lernen zu lernen. Daher verliert er bald das Interesse und den Faden. Seine Noten befinden sich im freien Fall – damit endet der Kurzbesuch am Gymnasium und er landet in der Realschule.

Im Mikrokosmos der heimischen Kleinstadt, wo eine bunt gemischte Szene von Rockern, Punks, Hip-Hoppern, Techno-Kids und Rasta-People zusammenfindet, fühlt Carsten Ehrhardt sich schon deutlich wohler. Zu jeder Clique findet er Zugang: Everybody's Darling. Doch die Welt der Ingolstädter Rastafaris eröffnet ihm die Feelgood-Atmosphäre, die er sehnlichst vermisst. Er trifft auf seine Seelenbrüder und Gesinnungsgenossen, tauscht sich in tiefgründigen und nächtelangen philosophischen Gesprächen aus, teilt mit ihnen die Visionen und die Joints. Abhängen und Kiffen ersetzen Schule und Sport. Null Bock auf Disziplin und Struktur: Das Leben ist schön ohne Stundenplan! Stattdessen begeistert er sich nun fürs Trommeln, beschäftigt sich mit Qi Gong und liest sich durch die ganze Bandbreite esoterischer Literatur. Das Leben der Yogis, die im fernen Himalaja in Höhlen leben, inspiriert ihn. Er verspürt bereits zu jenem Zeitpunkt den starken Drang, sich von allem Weltlichen, Verwirrenden und Materiellen – von den äußeren Erwartungen und Anforderungen – zurückzuziehen in eine spirituelle Heimat, die ihm Ruhe, Frieden und Geborgenheit schenkt. Er erkennt, dass das Glück »draußen« nur schwer zu finden ist. Seine eigene Familiensituation, die einen aristokratischen Background hat und finanziell in vollem Umfang abgesichert ist, erscheint ihm äußerst fragil – trotz Geld, Wohlstand und Besitz.

In die wertungsfreie Gemeinschaft der Rastafaris, und später auch Hippies, fühlt Carsten Ehrhardt sich von Anfang an aufgenommen und integriert. Hier findet er Respekt, liebevolle Begegnungen und einen Austausch der anderen – spirituellen – Art. Besonders beeindruckt ist er von einem Freund, der sich von allen Zwängen und Konventionen befreit, eine Reggae-Band gründet und offensiv draufloslebt. Die Community macht Nägel mit Köpfen: Sie mieten eine Halle mit Aufnahmestudio, betreiben eine eigene Kneipe und ziehen ihr Ding durch bei ausreichendem Alkohol- und Haschischkonsum. Gedealt wird nur in überschaubarem Maßstab und keineswegs aus materiellen Gründen. Die Gemeinschaft setzt auf Ethik und Mitgefühl.

Der Himmel hängt voller Trommeln und Joints, bis der harte Freundeskern an einem trostlosen Novembertag zu einer Tour nach Holland aufbricht. Auf der Autobahn herrschen Nässe und Nebel. Das Auto schert auf der regennassen Fahrbahn aus und prallt bei voller Geschwindigkeit gegen die Leitplanke. Drei Freunde überleben, einer stirbt. Carsten Ehrhardt wird schwer verletzt kopfüber aus den Trümmern des Wagens geborgen und erwacht erst im Krankenhaus aus dem Koma. Dort erfährt er vom Tod seines besten Freundes, der eine wichtige Schlüsselfigur innerhalb der Ingolstädter Reggae-Community war. Der Schock sitzt tief. Tausende strömen zur Beerdigung, beklagen erschüttert den frühen Tod des Freundes und beten für die Verletzten im Krankenhaus.

In einer Vision erhält Carsten Ehrhardt in diesem Ausnahmezustand den Impuls, sein Leben in ernsthafter Weise spirituell auszurichten. Er erkennt, wie schnell sich das Blatt wenden kann und dass das Leben kein Spiel und die Dinge kein Zufall sind. Zeitgleich führt die Polizei eine groß angelegte Razzia durch, filzt die Kneipe und die Rastafaris, beobachtet und kontrolliert die Szene – und zerschlägt sie schließlich. Ein Ende mit großem Schrecken in völliger Ernüchterung.

Carsten Ehrhardt schafft den Realschulabschluss, ist aber unmotiviert hinsichtlich einer Berufsausbildung, konvertiert zum Veganismus und verbringt die Freizeit in Selbstbeschäftigung. Als er erfährt, dass seine Freunde eine Reise nach Afrika planen, schließt er sich ihnen an. Zehn bayerische Rastafaris heben ab und lassen die kontrollierte und enge heimatliche Idylle hinter sich. Die Truppe stößt auf ihrer Tour durch Ghana auf viel Sympathie, Solidarität, Respekt und Interesse. Nach einiger Zeit trennen sich Carsten Ehrhardt und ein Freund von den anderen, um dessen Freundin im Landesinnern aufzusuchen. Unterwegs erkrankt der Freund jedoch schwer an Malaria und Typhus. Die beiden erreichen das Dorf, wo die junge Frau ein soziales Jahr verbringt und als Lehrerin arbeitet. Dort ist sein Freund gut versorgt und Carsten Ehrhardt bricht allein auf, findet Kontakt zu Afrikanern, bei denen er leben kann, lernt deren Kultur und ein einfaches Leben kennen, verbringt Stunden damit, zu trommeln. Diese Erfahrung prägt ihn. Nach etwa einem Monat macht er sich zu den Freunden an die Küste auf, um gemeinsam nach Deutschland zurückzufliegen.

Die Heimat hat ihn wieder, aber er findet sich dort nach dem Afrika-Aufenthalt nicht mehr zurecht. Er jobbt eine Zeit lang, um genügend Geld für den nächsten Trip zu sammeln, und kehrt nach Ghana zurück, um dem Winter und der Sinnleere zu entfliehen. Als er wieder zu Hause landet, drängen ihn die Eltern zur Ausbildung. Er entzieht sich dieser Forderung jedoch, indem er sich mit einem Freund in die Natur flüchtet und die Zivilisation hinter sich lässt. In den Armen von Mother Nature fühlt er sich befreit von den gesellschaftlichen Anforderungen und familiären Verpflichtungen, geborgen im Moment. Die folgenden drei Jahre verlaufen nach Schema A: Aufbruch nach Afrika, Ausbruch aus der

Gesellschaft, Ankommen in der Anarchie. Fünfmal reist Carsten Ehrhardt in dieser Zeit nach Ghana, lernt neue Freunde kennen, macht Musik und sucht nach seiner geistigen Heimat.

Die Fehlbuchung einer Bank beschert ihm und einem afrikanischen Freund zunächst ein sorgloses Leben: Statt 150 DM werden 1150 DM überwiesen – für afrikanische Verhältnisse ein echter Lottogewinn! Also kaufen sich der weiße und der schwarze Rastafari ein einfaches Haus, erwerben das dazugehörige Land, richten sich ein Musikstudio ein und gründen – mal wieder – eine Community, um das restliche Geld in Marihuana-Rauch aufzulösen. Es dauert jedoch nicht allzu lange, bis die Bank den Irrtum bemerkt und der schwarze Soulbuddy kurzerhand hinter Gittern landet. Carsten Ehrhardt kann ihn aus dem Gefängnis auslösen und sie reisen gemeinsam nach Deutschland, um dort auf Konzerttournee zu gehen.

Im Verlauf der Tour lernt er einen Freund Bob Marley's kennen, der ihn stark beeindruckt. Der weise Rastafari beschert ihm tiefere Einblicke in das Wesen der Rasta-Philosophie, scheint übernatürliche Kräfte zu besitzen, prophezeit ihm den weiteren Weg und überzeugt ihn durch eine Lebensweise ohne Drogen und Alkohol. Carsten Ehrhardt erkennt, dass er als abhängiger Drogenkonsument keine Chance hat, auf den spirituellen Pfad zu finden. Die Betäubung dient als Daseinsflucht und bringt ihn keinen Schritt weiter. Es gelingt ihm zwar nicht gleich, den Drogenkonsum völlig aufzugeben, aber er wendet sich konsequent von der Szene der Rastafari und dem Abhängen unter der afrikanischen Sonne ab. Er schließt sich seinen ehemaligen Bergfreunden an und folgt nun dem grünen Faden der Natur. Nach dem Zivildienst und einem weiteren Trip mit halbjährigem Zwischenstopp in einer andalusischen Hippie-Wagenburg schlägt er den beruflichen Weg zum Landschaftsgärtner ein. Nach jahrelanger Freiheits- und Selbstfindung kehrt er nun zu regelmäßigen Abläufen und geregelten Verhältnissen zurück, inklusive Arbeitsvertrag, Wohnung und fester Freundin. Nebenbei beschäftigt er sich mit Qi Gong, verbringt viel Zeit allein und stößt auf ein Buch über die ayurvedische Ernährungs- und Lebensweise. Dabei wird ihm endgültig klar, dass Spiritualität und Drogenkonsum unvereinbar sind. Carsten Ehrhardt vertieft sich in die Lehre der »Bhagavad Gita« – das »Lied Gottes« –, eine der zentralen Schriften des Hinduismus. Das Werk handelt von der Selbstoffenbarung des Gottes Krishna, der sich vor Beginn eines großen Krieges mitten auf dem Schlachtfeld einem Krieger fürstlicher Abstammung als göttliches oder kosmisches Selbst sowie als Lehrer zu erkennen gibt. Der hinduistischen Mythologie zufolge befinden wir uns in einem dunklen, schwarzen Zeitalter, das jener ethischen und philosophischen Unterweisungen bedarf, die die »Bhagavad Gita« vermittelt. Carsten Ehrhardt ist fasziniert von der Lehre und geht völlig darin auf.

Die Beziehung zu seiner Freundin verläuft unstet – mal »on«, mal »off« –, bis sich Nachwuchs anmeldet und die beiden in die Verantwortung zieht. Sie arrangieren sich und heiraten, mit 24 Jahren wird Carsten Ehrhardt Familienvater … und fühlt sich auf dem Holzweg. Die Kleinfamilie zieht wegen einer neuen Stelle in einer Gärtnerei um. Das Paar leidet jedoch am Spagat zwischen Alltag und spiritueller Praxis: Sein Glaube initialisiert das Spannungsfeld, das die Beziehung auf die Zerreißprobe stellt. Er weiß zu diesem Zeitpunkt selbst nicht, wohin die Reise geht. Einerseits fühlt er sich in den hinduistischen »Tempeln«, die gleichzeitig auch den dort lebenden Mönchen jener Glaubensrichtung als Aschram dienen, zwar seelisch beheimatet und praktiziert dort regelmäßig die vedischen Rituale, andererseits empfindet er die Haltung der neuen Gemeinschaft oftmals als dogmatisch. Indes bröckelt die eigene Beziehung unter dem Druck der angespannten Situation: Mal entsteht Nähe, mal Distanz. Seine Frau akzeptiert seinen Weg nicht, fühlt sich ausgeschlossen und lehnt die »Sekte« ab. Dennoch wird ein zweites Mädchen geboren, denn sie halten – obwohl beiden die unüberbrückbare Distanz längst klar geworden ist – aneinander fest.

Während eines Rückzugs in einen abgelegenen Aschram im Hunsrück legen sich jedoch die letzten Zweifel, sodass Carsten Ehrhardts Glaube sich endgültig festigt. Er trifft in jenem »Sacred Space« auf seinen Lehrer und geistigen Vater. »Guru« bedeutet übersetzt »Zerstörer der Dunkelheit«: Das Licht, das durch diese Begegnung in sein Leben dringt, weist ihm den Weg. Er beginnt damit, die tägliche Durchführung der vedischen Rituale widerspruchsfrei auszuüben, vertraut auf seine Intuition. Das Maha-Mantra, eine Rezitation heiliger Verse, wird sein Credo. Schließlich trennt sich seine Frau von ihm, beide fühlen sich erleichtert durch den Schritt und bleiben durch die Kinder in Verbindung. Im Alter von 26 Jahren beginnt Carsten Ehrhardts »Reise nach Hause«: Er bleibt in enger Verbindung mit seinem Lehrer und besucht die heiligen Orte Indiens sowie Aschrams, in denen Alltag und Spiritualität echte Kommunion feiern. Aus allen Schichten und Ländern der Erde finden hier Menschen zusammen, um einer Gemeinschaft, die sich unter dem Vorzeichen des praktizierten Glaubens bildet, anzugehören. Hier lernt er eine Community kennen, die – vom Joch des Egos befreit – die Bedürfnisse anderer den eigenen voranstellt, um letztlich dem Höchsten, der in allem wirkt, zu dienen.

Bald lernt er auch eine junge Frau kennen, die den gleichen Lehrer wie er gewählt hat und der er sich zutiefst verbunden fühlt. Sie bestärken sich gegenseitig in ihrem Glauben und finden zueinander in ihrer Liebe zur Musik als Medium der völligen Hingabe an Gott. Beide werden in die Gemeinschaft eingeweiht, erhalten ihre spirituellen Namen – Caitanya Rasa Das und Madhavi Sakhi Devi Dasi – und heiraten schließlich in Indien mit dem Segen ihres Lehrers. Inzwischen haben die beiden einen Sohn und gelten in der Yogaszene als herausragende und anerkannte Kirtan-Musiker sowie authentische Vermittler des Bhakti-Yoga – des Yoga der liebenden Hingabe.

Carsten Ehrhardt, alias Caitanya, ist inzwischen als Unternehmer, Lehrer und weltlicher Mönch tätig, unterstützt gemeinsam mit seiner Frau Madhavi den gemeinsamen Lehrer und die internationale Gemeinschaft der Bhakti-Yogis. Der lange Umweg führte ihn schließlich zum Ziel: zu seiner »Community«, zu seinem spirituellen Vater und zu seinem Glauben. Das Gesetz des Karma kennt nun mal keine Zufälle, sondern nur Begebenheiten und Begegnungen, die zu sich selbst und schließlich, bei Annahme des eigenen Schicksals, heimführen.

# BOBBY DEKEYSER
## Lebe deinen Traum

Am Anfang war das Chaos: Die Eltern sind geschieden, die alleinerziehende Mutter von drei Kindern ist berufsbedingt viel unterwegs, der Vater verkauft Fertighäuser in Belgien und die Wohnung ist ein schlauchförmiges Provisorium über der Fabrik des Großvaters, wo Plastikhenkel für Waschmittelkartons produziert werden. Das Leben ist kein Ponyhof, sondern eher eine Baustelle. Und dort treiben sich der zwölfjährige Bobby Dekeyser und seine Freunde nach der Schule herum, sie demontieren Ampeln sowie anderen nützlichen Kram, der nicht niet- und nagelfest ist. Lausbubenstreiche, die nicht ernst bzw. wahrgenommen werden, weil keiner den Jungs – einer Gang von potenziellen Kleinkriminellen, wie er es aus heutiger Sicht beurteilt – Beachtung schenkt. Es gibt viele Bezugspersonen, aber keine verbindlichen Ansprechpartner. Tricksereien, Diebstähle, Betrügereien ... wenn die Struktur fehlt, verlieren Jugendliche den Halt.

Die Schule empfindet Bobby Dekeyser, damals wie heute, als Warm-up zum Zweck der gesellschaftlichen Anpassung und Eingliederung ins Berufsleben, für das er sich beim besten Willen nicht erwärmen kann. Er langweilt sich dort, verliert den Anschluss, boykottiert die quälenden »Erziehungsmaßnahmen« mittels Ignoranz und Auflehnung. Die Lehrer attestieren ihm sowohl Faulheit als auch Intelligenz und stempeln ihn als Leistungsverweigerer ab. Sie wollen nur sein Bestes. Aber das gibt er ihnen nicht. In seinen eigenen vier Wänden legt er hingegen gesteigerten Wert auf penible Ordnung als Kompensation für den fehlenden Rahmen einer heilen Welt.

Sein Paralleluniversum, in dem er 100 Prozent Leistung, Konzentration und Begeisterung erbringt, ist der Fußball ... nicht zuletzt wegen der Mädchen, die ihm und den pubertierenden Kumpels den Motivationskick geben. Hier, an der Grenze zwischen Kind und Mann, dient der Mythos des märchenhaften Helden als taugliches Rollenmodell. Nach dem Absitzen des Unterrichts jagt er dem Ball hinterher, dribbelt, übt Steilpässe und Kopfbälle – meist fair, nie taktisch, aber immer mit vollem Einsatz. Doch er ist kein leichtfüßiger Ballkünstler, der das Mittelfeld virtuos bespielt oder den Platz im Sturm erobert, und wird ins Tor verwiesen: eine vom Trainer verordnete Maßnahme, der er sich fügt, obwohl sie im kompletten Gegensatz zu seinem Naturell des ungeduldigen Stürmers und Drängers steht.

Mit 14 Jahren qualifiziert sich Bobby Dekeyser dann beim Talentwettbewerb eines Softdrink-Konzerns durch ein Probetraining und Testspiel – und erhält die Chance seines Lebens: einen Flug nach New York mit zehn anderen Auserwählten zum Training in Pelés »Soccer Camp«. Dort wird er endlich wahrgenommen und als Talent erkannt. Sein Idol Pelé gibt ihm das zukünftige Leitmotiv mit auf den Weg: »Folge deinem Traum«. Zurück in Deutschland tritt er mit Minipli-Dauerwelle à la Sepp Maier, ehrgeizigem Trainingsplan und dem festen Vorsatz, Bundesligatorwart zu werden, unter optimistischeren Vorzeichen wieder an. Die Lokalpresse berichtet über ihn, er spielt in der Juniorennationalmannschaft und es dauert nicht allzu lange, bis ihn ein Verein gegen Bares verpflichten möchte.

Bis dahin hat er bereits neunmal die Schule gewechselt und befindet sich, was die Zensuren betrifft, im absoluten Leistungstief. Eines langweiligen Schultages steht er plötzlich mitten im Unterricht auf und verkündet vor der versammelten Klasse, dass er von nun an gedenke, seinen Traum zu leben und Profifußballer zu werden. Sein konsequenter Abgang macht Eindruck und hinterlässt Ungläubigkeit in den Gesichtern. Er befreit sich kompromisslos aus dem einengenden Korsett, das ihm den Freiraum nimmt: Dekeysers neue Kleider sind von nun an das Trikot und die Fußballschuhe.

In der Anfangszeit muss sich der 16-jährige Jungtorwart bewähren und erlebt die Höhen und Tiefen des Profisportlers: Niemand ist so einsam wie ein Torwart, der einen Fehler gemacht hat, und der Grad der Einsamkeit misst sich durchaus an der Zahl der Fehler. Eine 1:9-Niederlage wird zur Bewährungsprobe. Doch der liebe Gott erhört seine Gebete: Die Zuschauer richten ihren Blick gebannt auf ihn – an guten wie an schlechten Tagen. Er bleibt am Ball, mit einem Übermaß an Disziplin, Ehrgeiz und Ausdauer fördert er den eisenharten Titanen zutage, der die Angst vorm Elfmeter scheinbar lässig wegsteckt. Der Furcht gibt er keine Chance, weil er die Flucht nach vorn antritt. Nur bei Ann-Kathrin wird er schwach. Der »Zufall« schickt ihm die Traumfrau, von der er auf den ersten Blick weiß, dass sie die Mutter seiner Kinder sein wird. Sie verlieren sich aus den Augen, doch bei der zweiten Begegnung wirft er all seinen Charme, seine Überzeugungskraft und diverse Blumensträuße in die Waagschale, setzt sich einmal mehr gegen seine Konkurrenten durch und gewinnt die kostbarste aller Trophäen – die Liebe seines Lebens: Volltreffer!

Eine turbulente Phase nimmt ihren Lauf, an deren Ende er einen Vertrag als Torwart des renommierten Vereins Bayern München in der Tasche hat. Alle Träume von Max Mustermann und Otto Normal werden wahr: Dienstwagen, Dienstwohnung, Dienstlederhose. Gekrönt von einer Traumhochzeit. Bis dahin wagt Bobby Dekeyser keine größere Vision, denn er ist vollauf damit beschäftigt, seinen Platz in der Hackordnung einer beinharten Männerhierarchie zu behaupten. Sein Alltag schwankt zwischen den Stimmungsextremen von Sieg und Niederlage bei wechselnden Vereinen. Zuletzt wechselt er zum TSV 1860.

Die Werte, um die es eigentlich beim Sport geht, wie Loyalität, Kameradschaft oder Ehre reduzieren sich auf Briefmarkengröße. Stattdessen notieren die Vereine ihre Bilanzen wie Aktiengesellschaften. Die Spieler sind käuflich und die Manager bestechlich. Hier geht es kompromisslos zur Sache, es gilt das Recht des härtesten Ellenbogens. Und den erfährt er eines Tages bei einem Eckstoß im Strafraum. Die Diagnose ist niederschmetternd: Jochbein zertrümmert, Augenbogen gebrochen, das Auge verschoben. Er verbringt die meisten Tage im Krankenbett. Die Schmerzen nimmt er hin, den Zeitungsartikel mit der Headline »Löwen verpflichten einen neuen Torwart!« steckt er allerdings nicht so ohne Weiteres weg. Der Schuss sitzt. Dekeyser dankt ab.

Noch im Krankenhaus gründet er mit dem italienischen Schwager seinen »eigenen Verein« – Bobby Dekeyser hat es satt, eine willkürlich austauschbare Figur im Machtspiel der Lobbyisten zu sein. Die Außenseiterrolle des Torhüters war nie sein Stammplatz. Er positioniert sich neu im Mittelfeld und übernimmt die Rolle des Käpt'n bei völlig unklarem Kurs, aber mit dem festen Willen, seine eigene Welt zu kreieren: ohne Job, mit schwangerer Frau und kleiner Tochter. »Wir hatten damals keine Ahnung, was wir eigentlich verkaufen sollten«, gibt er amüsiert Auskunft. »Wir wollten einfach nur mit Freunden und Familie in einer netten Umgebung arbeiten und gemeinsam schöne Dinge schaffen.« Ein Weltunternehmen wird im Krankenbett aus der Taufe gehoben – doch der Weg bis an die Spitze sollte kein leichter sein …

Die Mannschaft von Bobby Dekeysers neu gegründeter Firma besteht im ersten Wurf aus den Mitgliedern seiner Familie: Onkel Seppi, Tante Resi, den Schwestern, Ehefrau Ann-Kathrin und den Kindern. Eine Gemeinschaft, für die er unbeschränkt haftet und alles aufs Spiel setzt. Zunächst werden Skier im Airbrush-Design aus dem Kellerbüro der Münchner Doppelhaushälfte vertrieben. Später wird der Standort in einen ehemali-

gen Kuhstall verlagert, wo es genug Platz für den Arti-
kelbestand gibt, der nun auch – neben den miserabel
produzierten Skiern – um Tennis- und Golfschläger erweitert werden soll. Das Geschäft floppt: Shit happens.
Bobby Dekeyser lernt aus dieser Lektion, Beziehungen
und Produkte auf ihre Tauglichkeit zu überprüfen, seine Bekanntheit und sein Charisma einzusetzen und seinem Bauchgefühl zu vertrauen. Er wagt den Versuch,
einen lang gehegten Traum in die Tat umzusetzen: die
Vision vom Wohnzimmer im Freien. Als Vorlage dient
das Strick- bzw. Flechtmuster von Rattanmöbeln: un-
verwüstlich und robust, wettertauglich und stapelbar.
Das bringt die Plastikhenkel des Großvaters sowie Onkel Seppis Know-how als Kunststoffexperte auf den
Plan. Und die Philippinen, wo ein einheimischer Produ-
zent Interesse signalisiert, traditionelles Handwerk mit
deutscher Kunstfaser ins engmaschige Beziehungsge-
flecht zu bringen. Die Familie wandert für ein halbes
Jahr nach Asien aus und kehrt mit einem Stuhl als Pro-
totyp der »Classic«-Serie zurück. Von nun an ist Bobby
Dekeyser nonstop als Vertreter in eigener Sache unterwegs.
Allmählich läuft die Nachfrage an. Doch die ersten
Kunden dienen unfreiwillig als Crashtest-Dummys: Die
Stühle hinterlassen Rostflecke auf den Marmorfliesen
von Terrassen im verregneten München sowie Ärger im
Club Med auf den Bahamas, wo die filigranen Sitzge-
flechte weder dem Gewicht der Gäste noch den tropi-
schen Bedingungen standhalten. Bobby Dekeyser ver-
spricht, innerhalb von sechs Monaten haltbare Stühle
zu liefern und die Kosten für die Misere zu tragen. Dafür erhält er im Gegenzug Aufträge für die Belieferung

weiterer Resorts des renommierten Urlaubsclubs. Zu diesem Zeitpunkt plant das Großfamilienunternehmen Dekeyser die Übersiedlung auf einen renovierungsbedürftigen Hof in Norddeutschland. Ein scheinbar solventer Partner bietet sich als Kreditgeber an, Bobby und Familie lassen in optimistischem Hochgefühl bereits die Champagnerkorken knallen. Die Allianz erweist sich jedoch als unheilvoll, was den Jungunternehmer an den Rand des Ruins aufgrund eines geplatzten Kredits bringt.

Der Geschäftsmann ohne Businessplan und Finanzmittel steckt das vorsätzliche Foul zwar schwer angeschlagen, aber mit unerschütterlichem Stehvermögen weg. Mit Misserfolgen umzugehen hat Bobby Dekeyser bereits im Torraum gelernt. Während langer Spaziergänge kommt er selbst in völlig aussichtslos erscheinenden Situationen wieder mit sich und der Welt ins Reine. Die Natur ist die beständige Ressource, aus der er Kraft, Selbstreflexion und Zuversicht schöpft. Der heile Ort jenseits einer Zivilisation mit normierten Strukturen. Back to nature bedeutet für ihn zurück zu Werten wie Einfachheit, Ehrlichkeit, Achtsamkeit und Authentizität. Vom heutigen Standpunkt aus betrachtet er die damals kritische Situation als Chance: Die Firma ist pleite und der Kaufvertrag für das Haus bereits unterschrieben. Er hat keine Ahnung, wie er die Summe aufbringen soll, doch die Gnadenfrist von sechs Monaten stimmt ihn zuversichtlich. Heute schätzt er solche Momente, erkennt das Potenzial von Krisen. Sie geben ihm Energie, ermöglichen ihm ein tieferes Gefühl für sich selbst – gerade dann, wenn die Lage aussichtslos erscheint.

Against all odds ... es geht voran und allmählich aufwärts. Das Faxgerät im norddeutschen Bauernhof, der zunächst eine Art Déjà-vu des chaotischen Baustellenprovisoriums seiner Kindheit ist, läuft heiß aufgrund der eingehenden Aufträge. Seine Familie gibt ihm Halt und die Idee vom Wohnzimmer im Freien trifft den Nerv der Zeit: Das Geschäft boomt.

Rio, Hongkong, Tokio – kein Vertragspartner ist zu weit weg, kein Messeort zu weit entfernt: Bobby Dekeyser läuft in seiner Mission zur Höchstform auf, gibt – wie immer – alles und bereist den Globus kreuz und quer. Die Produktionsstätte auf den Philippinen muss wegen der ansteigenden Nachfrage ausgebaut werden. Doch in anderen Ländern herrschen nun mal andere Sitten und er muss zunächst ohnmächtig mitansehen, wie Korruption und Manipulation die hart erwirtschafteten Umsätze in unterirdische Kanäle lenken. Seine philippinischen Geschäftspartner tricksen mit kriminellen Mitteln und reißen sich die gesamte Produktionsstätte im Komplott unter den Nagel. Doch inzwischen hat er einen loyalen »Gefairten« als Freund und Geschäftspartner an seiner Seite, der mit ihm durch dick und dünn geht. Gemeinsam befreien sie sich mit einem ausgetüftelten Schildbürgerstreich aus der fatalen Situation, zeigen den Ganoven die Rote Karte und kicken sie aus dem Spiel.

Diese Erfahrung hindert Bobby Dekeyser jedoch keineswegs daran, sich für die Straßenkinder, die in Manila und anderen Städten quasi als Nachbarn seiner lukrativen Unternehmensproduktion auf Müllkippen leben, zu engagieren. Er kann es nicht mit seinem Gewissen vereinbaren, dass das hochwertige Mobiliar, das in seinem Auftrag gefertigt wird, schlussendlich mit dem Stigma »Made in Asia under exploitation« gelabelt wird. Die Idee, eine Stiftung zu gründen, ist geboren, um einen Teil der Gewinne jenen zukommen zu lassen, die es am nötigsten brauchen oder mit Visionen die Welt verändern wollen.

Am Ende der Odyssee stehen nach Beseitigung aller Hindernisse die Zeichen auf Durchbruch: Designer werden angeheuert, ein neuer Firmensitz wird ausgebaut, eine motivierte Mannschaft nach und nach ins Boot geholt. Ab jetzt bläst warmer Rückenwind in die Segel des stetig wachsenden Unternehmens bei geradlinigem Zielkurs und voller Fahrt. Auf dem Zenit des Erfolges verkauft Bobby Dekeyser die Firma zu einem dreistelligen Millionenbetrag, um sich und seiner Familie eine Auszeit zu gönnen und endlich ein Leben frei von Verpflichtung und gestrecktem Dauergalopp zu führen. Er bezieht mit seiner Frau und den Kindern eine Villa am Genfersee, lässt die Seele baumeln und genießt das Familienleben in vollen Zügen.

Nur wenige Monate später versetzt die Finanzkrise allerdings die schöne heile Welt ins Wanken. Bobby Dekeyser beobachtet entsetzt den Sinkflug seines unter unermüdlichem Einsatz hochgepäppelten »Babys«. Ohne lange zu zögern, erhebt er sich von der bequemen Couch des Vorruhestandes und greift entschlossen ein. Er handelt einen neuen Kaufvertrag für das Unternehmen mit Schlagseite aus, das inzwischen mehrere Tausend Mitarbeiter beschäftigt, kehrt auf den Chefsessel zurück und nimmt das Ruder erneut in die Hand. Mit Herz und Verstand bewältigt er die Firmenkrise und steuert das Schiff allmählich wieder auf Erfolgskurs: Der Himmel, seine Frau und die Mitarbeiter stehen ihm bei. So weit die märchenhafte und unglaubliche Bilderbucherfolgsgeschichte von einem freigeistigen Unternehmer mit dem Geschick, tragfähige Beziehungsgeflechte zu knüpfen. Der Plan entstand stets im Spielverlauf und ging immer irgendwie auf. Doch Gott lacht, wenn wir Pläne machen …

Bobby Dekeyser befindet sich gerade mit seiner ältesten Tochter auf den Philippinen, um einen weiteren Traum zu realisieren – den Bau eines Urlaubsresorts der Luxusklasse –, als seine Schwester ihm telefonisch das Unfassbare mitteilt: Ann-Kathrin, seine geliebte Frau, liegt nach einem Gehirninfarkt im Koma. Ihre Überlebenschancen stehen schlecht. Sofort reist er ab und macht sich auf den Weg nach Hause. Doch er kommt zu spät. Das Spiel ist aus, der Traum vom Glück geplatzt. Ann-Kathrin ist tot. Kein Abschied. Kein Plan B, der die Situation rettet. Kein Joker, der die Karten neu mischt: Diesmal gibt es keinen Ausweg aus der Krise und kein Happy End. Trauer, Verzweiflung, Wut, Schmerz – die Depression reißt ihn zu Boden. Das Gefühl der Ohnmacht verdunkelt sein Leben. Er scheitert zunächst an dem Versuch, in dieser schmerzhaftesten aller Bewährungsproben den Funken einer Chance zu entdecken. Seine Familie ist ihm auch diesmal ein stabilisierender Halt: Die Kinder betrauern mit ihm den Tod der Mutter, gemeinsam gehen sie auf Weltreise und versuchen, irgendwie wieder zur Normalität zurückzufinden. Doch den Trauerprozess muss jeder für sich selbst durchstehen.

Trost und Rat findet Bobby Dekeyser durch die Literatur der Sterbeforscherin Elisabeth Kübler-Ross, Einblicke in die Übergangsrituale anderer Kulturen und deren Umgang mit dem Tod sowie Gespräche mit Menschen aus dem Freundes- und Familienkreis. In der Stille der Natur führt er den inneren Dialog mit sich selbst, Ann-Kathrin und Gott aus dem Scherbenhaufen des gebrochenen Herzens heraus. Freunde regen ihn dazu an, sich mit Yoga zu beschäftigen. Durch eine tägliche Praxis findet er zurück ins Hier und Jetzt. Einatmen. Ausatmen. Dabei zählen nur der Moment und die Selbsterfahrung. Er lernt, von Atemzug zu Atemzug zu leben und eine Achtsamkeitspraxis des Augenblicks zu entwickeln, in der er sich spürt und die Dinge beurteilungsfrei annimmt, wie sie sind. Er übt sich darin, die Kontrolle und den Leistungsgedanken loszulassen, den Verstand zur Ruhe zu bringen, die Fragen offen zu lassen, bis das Leben selbst sie beantwortet. Krisen sind Chancen, weil sie uns aufs Wesentliche zurückwerfen. Weil sie ein immenses Heilpotenzial bieten und den Horizont für neue Visionen freisprengen, die im Verborgenen liegen. Weil sie uns stärker machen, indem wir zur Quelle der Kraft durchdringen.

Bobby Dekeyser hat den Tod seiner Frau zutiefst betrauert, sich aber gegen eine Stagnation in Selbstmitleid entschieden und in die Balance zurückgefunden. Noch immer wird er, auch Jahre nach der persönlichen Tragödie, von Momenten der Verzweiflung über den Verlust seiner schmerzlich fehlenden »besseren Hälfte« übermannt. Doch er hat den inneren Frieden darin gefunden, dass er an die Unsterblichkeit der Seele glaubt. Hier liegt das Saatkorn der Hoffnung, dass Gottes Plan letztendlich im Großen, Ganzen und Guten aufgeht. Den tieferen Sinn findet er heute darin, dass er sein globales Unternehmen werteorientiert, ökologisch nachhaltig und in sozialer Verantwortung am Puls einer hochgetakteten Zeit mit wachsender Mannschaft und Begeisterung führt.

Daneben engagiert er sich in der von ihm gegründeten Stiftung »Dekeyser & Friends«, deren Mission darin besteht, jungen Menschen aus der ganzen Welt und allen Bevölkerungsschichten den Glauben an sich selbst durch das nachhaltige Konzept der Selbstwirksamkeit zu vermitteln – als Beitrag und Chance zum positiven sozialen Wandel und Kontrapunkt des bestehenden Bildungssystems. Ein Angebot für jugendliche Querdenker von einem ursprünglich als chancenlos eingestuften Nobody, der mit nichts als einem Traum auszog, um die Welt als Global Player zu erobern. Die alten Parolen sind die neuen: Lebe deinen Traum!

# VOLKER MEHL
## Heile(nde) Welt

Die Kirche ist sein Spielplatz – das »Raumschiff« seiner
Kindheitstage –, weil es hier Weite, Platz und Höhe
gibt. Auf dem Rücken im Altarraum liegend studiert
Volker Mehl, Sohn eines Küsters, die Deckengemäl-
de und Ornamente des Kirchengewölbes, hängt seinen
Träumen nach. »Backstage« zündelt er mit Weihrauch,
entflammt die dickbäuchigen Kerzen, bewundert die
goldenen Kelche und lässt die Zimbeln klingen. Er
erlebt sich in der Vorbereitung des Gottesdienstes an
der Seite des Vaters als Teil der Zeremonie, die von
lichtvoller, blumengeschmückter und wohlriechen-
der Feierlichkeit erfüllt ist. Insofern stellen Sinnlichkeit
und Spiritualität für ihn keinen Widerspruch dar. Letz-

teres steht für den offenen Raum, der gefüllt werden will.

Zu Hause herrschen überschaubare Verhältnisse. Der Vater arbeitet zunächst als Zimmermann, später als Küster der Gemeinde Lorsch im südlichen Hessen. Die Mutter ist Hausfrau, der Bruder zehn Jahre älter. Klare Rollenverteilung: Der Große ist vernünftig und zielstrebig, der Kleine eher verträumt und orientierungslos. Eine heile Welt, die von christlichen und kleinbürgerlichen Werten wie Ehrlichkeit, Authentizität und Liebe geprägt ist, nicht von Geld. Die zuweilen aufkommenden Zweifel kompensiert Volker Mehl mit Fantasiereisen im Kirchenschiff. So treibt er dem Abitur entgegen und plötzlich ist er erwachsen. Alle um ihn herum scheinen genau zu wissen, was sie wollen. Er hingegen hat keinen Plan und spürt die lähmende Leere angesichts des fehlenden Zukunftsentwurfs.

Er entscheidet sich zunächst für ein katholisches Theologiestudium. Die Kirche als Zufluchtsort: Volker Mehl setzt aufs Bewährte. Als er jedoch zu Beginn des Studiums ins Priesterseminar eintritt, wo ihm der »Spiritual« – ein geistiger Betreuer – erklärt, dass ein Rendezvous mit einem Mädchen die Versuchung des Teufels sei, flüchtet er gleich am ersten Tag. Kurz darauf hängt er auch das Studium an den Nagel. Gelebtes und praktiziertes Christentum, wie er es aus seinem Elternhaus kennt, fühlt sich völlig anders an als der regelhafte und sture Katechismus, den die Dozenten an der Mainzer Universität predigen. Die Sinnlosigkeit des Studiums mündet in die Sinnsuche. Allerdings verhindert die schwere Krebserkrankung des Vaters den unbefangenen Start in eine berufliche Exkursion jenseits der Heimat. Die innere Überzeugung, zu Hause gebraucht zu werden, lastet auf ihm. Ein Arzt behandelt den Vater neben den konventionellen Therapien auch mit alternativen Heilmethoden. Der schmerzlindernde und stabilisierende Effekt dieser Methoden hinterlässt seine Wirkung und einen bleibenden Eindruck bei dem Sinnsuchenden. Der ältere Bruder durchläuft indes eine klassische Bankkarriere und weist alle Charakteristika des Vorzeigesohns auf.

Auf Umwegen steigt Volker Mehl nun in eine Versicherungsagentur ein und absolviert eine kaufmännische Ausbildung in dieser Branche. Seiner pragmatischen Natur entsprechen die Strukturiertheit und Regelmäßigkeit des Bürojobs im Gegensatz zur rein geistigen Lehre schon eher. Er probiert sich aus, gründet eine One-Man-Agentur und scheitert daran, zwar ein guter Berater, aber schlechter Verkäufer zu sein. Die inhaltslose Aufgabe des Versicherungsgeschäfts füllt er nach Feierabend mit Fortbildungen im esoterischen Bereich und dem Erlernen alternativer Heilmethoden querbeet: Klangschalen-Massage, Techniken der Dorn-Breuß-Methode, progressive Muskelentspannung, Qi Gong und ... Ayurveda! Der auf der Yogaphilosophie basierende, ganzheitliche, etwa 6000 Jahre alte Ansatz des Ayurveda – das »Wissen vom Leben« – überzeugt Volker Mehl vom ersten Moment an. Die große Bandbreite, die therapeutische Wirkung, die effiziente und einfach umzusetzende Methode faszinieren ihn. Er referiert über Ayurveda in Reformhäusern, Bioläden, auf Gesundheitsmessen und anderen Veranstaltungen. Aus seiner Sicht beschreibt Ayurveda ein ewiges Wissen – so alt wie die Menschheit und für jeden erfahrbar, ohne fest definiertes, erfolgversprechendes Ziel. Der Begriff der Normalität existiert in diesem Kontext nicht. Das jeweilige Individuum ist vielmehr der Maßstab der Dinge, ganz gleich, ob es sich um Ernährung oder die Einstellung zur Religion dreht. Ein undogmatisches Konzept, das weder die Bewertung gut oder böse noch richtig oder falsch, gesund oder ungesund kennt.

Volker Mehl vertieft sich in die uralte Weisheitslehre und absolviert, nebenbei, eine zusätzliche Ausbildung zum »Ayurvedischen Gesundheitsberater«. Erst als der geliebte Vater nach elfjährigem Krebsleiden stirbt, ist der Weg frei. Trotz Trauer fühlt Volker Mehl sich von der Fessel der familiären Verpflichtung erlöst. Im Alter von 30 Jahren heiratet er, weil er immer noch am Heile-Welt-Plan nach Schema F wie Familie festhält. Die Ehe zerbricht jedoch an den Gitterstäben der eigenen Freiheitsberaubung – am Gefühl der Enge und im bestimmten Wissen ums ungelebte Potenzial. Im Traum erscheint ihm der Vater und fordert ihn auf, ein Leben nach seinen eigenen Wünschen zu führen. Im Gefühl tiefer Verbundenheit über den Tod hinaus bricht er, endlich, aus und auf. Ohne Geld, aber dafür mit einem Businessplan, der seit immerhin mehreren Jahrtausenden erfolgreich, ganzheitlich und nachhaltig funktioniert.

In München fasst Volker Mehl schließlich Fuß. Er hat kein festes Einkommen, wohnt in einer winzigen Souterrainwohnung, lebt von der Hand in den Mund und lernt, sich in der harten Großstadtwelt durchzubeißen … unter anderem als Nachtportier. Der Sprung ins Ungewisse verleiht ihm jedoch Flügel. Er nimmt die Anfangsschwierigkeiten im Start-up-Modus in Kauf, um zur richtigen Zeit mit den richtigen Menschen am richtigen Ort zu sein. Diesen Zustand bezeichnet er als »atmosphärisches Wohlbefinden« – ein Gefühl zunehmender Integrität, das ihm seit den Kindertagen allmählich abhandengekommen ist. Und in der Tat erweist sich der Standort München als gut koordinierte Punktlandung: Die Münchner Yogaszene boomt, nimmt das ayurvedische Konzept begeistert auf und öffnet ihm die Türen zu ihren Studios, Workshops und Messen.

Volker Mehl avanciert zum »Jungen Wilden der ayurvedischen Küche« und bringt dies flächendeckend durch Tattoos zum Ausdruck. Die Welle der Gesundheits-, Wellness- und Yogaszene erfasst ihn und trägt ihn nach oben. Die Begeisterung, die ihm entgegenschlägt, packt ihn selbst und entfacht sein Feuer für die gesunde Sache. Statt Versicherungen auf dem Papier verkauft er jetzt maßgeschneiderte »Lebensversicherungen« in Form von fernöstlichem Know-how. Volker Mehl übersetzt »Die Lehre vom Wissen« allerdings auf örtlich-regionale Verhältnisse und macht die komplexe Philosophie greifbar. Die Werte, die er vermittelt, sind so bodenständig wie jene, die in seinem Elternhaus und im gesamten europäischen Raum bis zurück ins frühe Mittelalter und darüber hinaus galten – wie beispielsweise Hildegard von Bingens »eurovedischer« Rat: »Wenn der Mensch sein Fleisch in Maßen nährt, dann ist auch sein Betragen fröhlich und umgänglich. Wenn er aber im Übermaß der Schmausereien und Gelage dahinlebt, dann legt er zu jedem schändlichen Fehler den Keim. Und wer andererseits seinen Körper durch unterwürfige Enthaltsamkeit schädigt, der geht immer zornig einher.« Auch Paracelsus' Einsicht, dass die Dosis das Gift macht, ist nur eine weitere von vielen europäischen Variationen der indischen Weisheitslehre. In puncto ayurvedischer Nahrungszubereitung ist Volker Mehl ein experimentierender Autodidakt mit gutem Bauchgefühl, einem Händchen für Qualität sowie die Bedürfnisse anderer und unverfälschter Sinnlichkeit. Doch er weiß diesbezüglich um seine Lücken und möchte, geprägt durchs Elternhaus, keine halben Sachen anbieten, denen die solide Basis fehlt. Auf Anfrage erhält er das Angebot, beim renommierten Drei-Sterne-Koch Harald Wohlfahrt ein Praktikum zu machen. Er hat kein Problem, sich als Lehrling dem Meister unterzuordnen, weil er einer Mission folgt, die den Horizont weit und offen macht. Dort lernt er das »Ah!« und »Oh!« für den genussvollen Gaumenkitzel von der Pike auf. Kurz darauf schließt er einen Vertrag für sein erstes ayurvedisches Kochbuch bei einem großen Verlag ab, dessen Vorwort Harald Wohlfahrt als Mentor schreibt. Workshops in Luxushotels und lukrative Kooperationen mit Firmenpartnern setzen den Erfolgsreigen fort. Als Grundrezept des Ayurveda sowie des Yoga definiert Volker Mehl schlicht und ergreifend den individuellen Glückszustand – eine der größten menschlichen Sehnsüchte. Dafür ist kein bestimmtes Talent nötig, es geschieht ganz ohne eigenes Zutun. Denn das Glück liegt in uns selbst … in der Erkenntnis, dass wir so, wie wir sind, gewollt sind und geliebt werden.

Die Liebe führt den Koch mit der Glücksformel »Ayurveda« im weiteren Verlauf seiner Entwicklungsgeschichte nach Berlin. Er will expandieren, Raum und Weite ziehen ihn nun mal unwiderstehlich an. Aber er verspürt dort keinerlei atmosphärisches Wohlbefinden, sein sicheres Navi in unbekannten Breitengraden. Die Beziehung scheitert und nach einer, diesmal deutlich kürzeren, Phase der Orientierungslosigkeit stellt das Schicksal die Standortkoordinaten etwas zentraler und fix ein. Die neue Freundin lebt in Wuppertal und Volker Mehl folgt ihr, anfangs mit Widerstand, dorthin. In eine Stadt, die zwar eine Großstadt ist, aber bei Weitem keine Metropole. Status: unentschieden.

Volker Mehl sträubt sich anfangs dagegen, auf seiner Website eine Wuppertaler Telefonnummer anzugeben. Es sind immer wieder die kleinen und unspektakulären Verhältnisse, denen er zu entkommen versucht. Doch er wird schnell warm mit der neuen Heimat, weil er hier, im Herzen der deutschen Arbeiterhochburg, mit den gelebten Werten seines Vaters konfrontiert wird wie Aufrichtigkeit, Verbindlichkeit und Herzlichkeit. Er spürt, dass aus dem harmonischen Dreiklang von innerer Weite, Verwurzelung und Integrität heraus genau der Raum entsteht, zu dem er früher Zuflucht gesucht hat. Es bedarf allerdings inzwischen keiner Kirche oder gar Kathedrale mehr bzw. stellvertretend dafür exklusiver großstädtischer Einkaufsmeilen und weitläufiger Luxusresorts oder -apartments, um zur eigenen Größe zu finden. Spiritualität ist für ihn der innere Raum, der gefüllt werden will. Ohne Dogma, Manifest, festgelegte Glaubensbekenntnisse und umfangreiche Kodizes. Sinnsuche mündet im besten Fall in Selbstfindung. Im festen Glauben an sich selbst – unabhängig von den sich stetig ändernden äußerlichen Variablen wie Wohnort, Freundin oder eben Telefonnummer. Den inneren Raum weit zu machen bedeutet vielmehr, sich von alten Mustern, blockierenden Beschränkungen und überholten Konventionen zu lösen und Neuland zu erobern. Im Aufbruch ins Unbekannte jenseits der Versicherungen liegt die Sprengkraft des eigenen Potenzials. Daher findet man in Volker Mehls Bücherregal neben der Bibel auch Janoschs Kinderbuch und abenteuerliche Heldenreise »Oh, wie schön ist Panama!«, in deren Verlauf die beiden Protagonisten – ein Bär und ein Tiger – in ein fernes Land aufbrechen. Panama ist ein exotischer Ort, der unbestimmte Sehnsüchte weckt, die in uns allen schlummern. Die beiden Gefährten machen sich auf den Weg und bereisen die Welt. Als sie einen wunderschönen Ort erreichen, beschließen sie, dass dies Panama sein muss. Doch am Ende der Geschichte stellen sie fest, dass sie wieder im eigenen Garten angekommen sind. Friede, Freude, Eierkuchen: Das ayurvedische Konzept für ein ausgewogenes und damit glückliches Leben.

In der Stadt mit der Schwebebahn und der höchsten statistischen Niederschlagshäufigkeit Deutschlands funktioniert Volker Mehl eine alte Fabrikanlage zum ganzheitlichen Kochatelier um, wo Fortbildungen, Workshops und kulturelle Veranstaltungen den weiten Raum für unbegrenzte Entfaltungsmöglichkeiten bieten, und gründet ein vegetarisch-veganes Deli fürs nachhaltig gute Bauchgefühl. Inzwischen ist er etwas weniger unterwegs, weil er die Erfüllung eher im Kreise eines harmonierenden Teams findet, kocht aber nach wie vor auf großer Flamme: »Das Leben spielt sich hier ab und wir sollten uns von dem nähren, was die Natur unmittelbar auf den Speiseplan bringt.« Von seiner Kompetenz profitieren jedoch nicht nur Feinschmecker, sondern auch die Patienten und Ärzte des Berliner Immanuel-Krankenhauses. Dort leitet er im Fachbereich Naturheilkunde Kochkurse für Patienten sowie Therapeuten und vermittelt auf genussvolle Weise das immense Potenzial der vegetarisch-ayurvedischen Ernährung.

Die Kirche besucht Volker Mehl heute nur noch an Feiertagen. Das stille Gebet ist allerdings ein festes Ritual geblieben, das er öfters am Tag praktiziert. Es ist weit mehr als ein Aufsagen von gelernten Versen, eher ein innerer Dialog. Und in dem steht er auch mit seinem Vater, von dem er spürbar weiß, dass er da ist, und der ihm in schwierigen Zeiten »immer mal wieder den Arsch gerettet hat«. Heile Welt – heilende Welt – scheinheilige Welt … Volker Mehl hat auf seiner Selbstentdeckungsreise den gesamten Kosmos ausgelotet. Am Ende hat er Panama in sich selbst gefunden.

# JOCHEN SCHWEIZER
## Höhenflug im freien Fall

Dass einer aufstehen muss, der gefallen ist, war Jochen Schweizer früh klar: Er hat diese Übung verinnerlicht, seit er auf eigenen Beinen steht. Als sogenanntes Schlüsselkind, das zusammen mit zwei Geschwistern von einer alleinerziehenden, ganztags arbeitenden Mutter aufgezogen wird, ist er häufig auf sich allein gestellt, besitzt jedoch ein großes Maß an Freiheit. Nach der Schule jobbt er als Mistelverkäufer auf dem Weihnachtsmarkt, verdient sich das nötige Kleingeld als Pfandflaschensammler, Waldarbeiter oder T-Shirt-Designer. Draußen in der Natur beim Kajakfahren findet er, was er im fordernden Alltag zwischen Schule und Job vermisst: den ruhigen und ausgleichenden Fluss des Lebens – das Aufgehen im Moment, fernab von Problemen und Sorgen. Bereits vor der Schule trainiert er im Kanu, sitzt dann die verordnete Zeit im Unterricht ab, schuftet für ein Taschengeld und greift abends meist nochmals zum Paddel.

Bis zum Abitur besucht Jochen Schweizer zehn verschiedene Schulen, behält den Kopf über Wasser und stellt seine zähe Kämpfernatur unter Beweis. Anschließend hat er genug von erdrückender Enge, Orientierungslosigkeit und kleinbürgerlichen Lebensentwürfen. Er kauft sich eine Geländemaschine und macht sich mit seinem besten Freund per Motorrad aus dem Staub: Aufbruch nach Afrika und Ausbruch in die Freiheit. Mitten hinein in die Wildnis und Weite der Sahara sowie ins große Abenteuer Leben. Der Freigeist gibt Gas und steigt aus. Die Vergangenheit im Rückspiegel, die Zukunft als offenen Horizont im Visier. Während die Maschine die endlosen Asphaltbänder in sich hineinfrisst, taucht er völlig in den Augenblick ein. Reifenpannen und andere Hindernisse, die seinen Weg behindern, räumt er beiseite, ohne das Ziel aus den Augen zu verlieren: aufstehen – reparieren – weiterfahren. Der Wille ist der Weg, Resignation eine Sackgasse. Am Ende der Reise trennen sich die beiden Gefährten. Der eine kehrt nach Deutschland zurück, Jochen Schweizer bleibt, ohne Plan und letztlich auch ohne Geld, denn er wird überfallen und ist damit völlig mittellos.

Bevor er dazu kommt, sich Gedanken über die Finanzierung der Rückreise und sein weiteres Leben zu machen, spielt ihm das Schicksal einen Joker zu. Er trifft auf einen international operierenden Spediteur, mit dem sich eine Freundschaft entwickelt. Im Schatten der

Unsicherheit – im unbegrenzten Feld der Möglichkeiten – liegen die Chancen des Lebens. Der Manager bietet ihm an, einen Konvoi zu begleiten und die Fahrt zu dokumentieren. Hier lernt er den Schwarzen Kontinent von seiner dunklen Seite kennen: Schmiergelder, Korruption und mafiöse Strukturen beherrschen das Land. Das Honorar für den Auftrag reicht für die Fahrt durch die Zentralsahara, das Land des Durstes und der einsamen Wüsten sowie endlosen Schotterpisten, zurück nach Hause. Ohne Straßen und erkennbaren Weg geht es los. Hier ist er einmal mehr auf sich selbst gestellt. Er weiß, dass diese Fahrt ein hochriskantes Wagnis ist, und lernt, rational damit umzugehen. Ein ganz bewusster Schritt aus der Sicherheits- und Komfortzone. Doch der Preis ist es wert.

Das intensive Lebensgefühl, die Wildnis und Weite sowie das Erleben ungezügelter Freiheit beflügeln Jochen Schweizer. In einer klaren Nacht, die er auf einem Hügel unter der Kuppel eines unendlichen Sternenhimmels verbringt, erlebt er das Gefühl völliger Entgrenzung und Verschmelzung mit allem, was ihn umgibt. Ein Zustand absoluten Friedens mit sich und der Welt überkommt ihn. Er erfährt die Größe der Natur dadurch, dass er ihr nahezu schutzlos ausgeliefert ist – ein Geschenk des Himmels. Das gleißende Sonnenlicht bringt ihn bei Tagesanbruch auf den Motorradsattel und schließlich nach 20 000 Kilometer Fahrt in den Heidelberger Alltag zurück, wo sich wieder alles vorrangig ums Geldverdienen und um Anpassung dreht. Ankunft im Überschaubaren, Kleinen, Engen.

Während des Überbrückungszeitraums bis zur Immatrikulation an der Uni heuert Jochen Schweizer als

Agent bei einer Versicherung an: vom großen Abenteuer in die beschränkte Vernunftwelt der Absicherung. Für handfeste Arbeit ist er sich allerdings nicht zu schade. Trotz fehlender Vision und echter Anreize beherrscht er das Geschäft schnell und arbeitet sich in kürzester Zeit zum Topagenten empor. Erfolg, Geld, Anerkennung – alles ist plötzlich in Fülle vorhanden. Nur eines nicht: echte Zufriedenheit. In der Freizeit zieht es ihn zurück ins Kajak, und er überlässt sich dem vertrauten Fluss der Natur. Als sein Vorgesetzter ihm auf dem Höhepunkt der Versicherungskarriere die Leitung einer Filiale anbietet, steigt er aus und ins Studentenleben ein. Er spürt allerdings sehr schnell, dass der Unterricht an der Uni nichts mit dem zu tun hat, was ihn wirklich bewegt. Also verkauft er weiter Versicherungen und stolpert mangels Perspektive in das tiefe Tal einer Sinnkrise.

Ein Anruf erlöst ihn schließlich aus der Misere. Der Spediteur möchte ihn für weitere Transferprojekte in Afrika verpflichten. Jochen Schweizer zögert nicht lange, ergreift die Chance und sattelt aufs Speditionsgeschäft um. Einige Zeit später macht er sich mit einem eigenen Unternehmen in dieser Branche selbstständig. Doch auch hier hadert er auf dem Zenit des Erfolgs mit dem Sinn seiner Tätigkeit und der Frage nach der wahren Berufung. Mit viel Engagement, Kraft und Energie baut er die Büros auf und macht bald guten Umsatz. Mit einem dicken BMW und einem Porsche ist er in der Münchner Szene unterwegs: Spielzeug und Ablenkung im beruflichen Turbo-Alltag. Eine Zeit lang genießt er alles und identifiziert sich damit. Bis ihn eines Tages seine tendenziell übergewichtigen und selbstzufrieden wirkenden Kollegen, Mitarbeiter und Bekannten klar erkennen lassen, dass er so nicht enden will.

Er verkauft das gewinnbringende Unternehmen und steigt einmal mehr aus – und wieder ins Kajak ein. Der Afrika-Trip und die Erlebnisse auf dem Wasser haben ihre Spuren in der Abenteurerseele hinterlassen: Das intensive Lebensgefühl wird zum Credo. Back to nature – der Naturbursche bleibt sich treu und folgt dem Lockruf der Wildnis, der ihn in gefährliche Schluchten, unberechenbare Strömungen und lebensbedrohliche Situationen bringt. Während einer Exkursion durch einen Alpen-Canyon mit anderen Extremkanuten muss er hilflos miterleben, wie ein Freund verunglückt und stirbt. Der tödliche Unfall des Gefährten hinterlässt eine seelische Narbe und zeigt in grausamer Härte, wie schnell sich das Blatt wenden kann: Freiheit und Abenteuer haben einen hohen Preis.

Jochen Schweizer setzt trotzdem auf volles Risiko ohne Netz und doppelten Boden. Er begreift, dass das echte und unmittelbare Leben nun mal nicht versicherbar ist. Und genau das reizt ihn. Spannung generiert Kraft. Er geht aufs Ganze, sucht die extremste Herausforderung und den reißendsten Fluss. Dabei hat er eine Ahnung, was sich in den letzten Momenten im Leben seines Freundes abgespielt haben muss, denn Ende der 1970er-Jahre hatte er während einer Kajaktour eine zutiefst einprägsame Grenzerfahrung gemacht: Als junger Mann ohne Erfahrung erlebte er in einer Schlucht eine ganz ähnliche Situation. Das Kanu kenterte und wurde in die Tiefe gerissen, wo es sich im Treibholz verkeilte. Jochen Schweizer versuchte erfolglos, sich zu befreien, und geriet in Atemnot. Die Dunkelheit wich einem klaren Licht – er beschreibt diesen Zustand als absolut friedlichen Augenblick des Einswerdens. Er wollte in dem Licht bleiben und ganz darin aufgehen, bis eine Stimme in sein Bewusstsein drang, die seinen Namen rief und ihn ins Leben zurückholte.

Ein weiterer Unfall im Strudel eines Wasserfalls einige Jahre nach dem Tod des Freundes lässt über dem Abenteurer noch einmal die Wellen heftig zusammenschlagen. Schwer verletzt, mit zwei gebrochenen Beinen, gibt ihn der Fluss schließlich frei. Es dauert lange, bis sein kaputtes Knie wieder geheilt ist. Doch das Grenzerlebnis an der Schwelle des Todes hat ihm einen bewusstseinserweiternden Wahrheitsmoment beschert, der ihn endgültig weit außerhalb der geltenden Ordnung positioniert: mitten im Wildwasser des Lebens.

Die 1990er-Jahre sind die Epoche der bewegten Bilder. Moderne Techniken ermöglichen Videos und Filme in ungeahnten Dimensionen. Jochen Schweizer ist fasziniert von den Möglichkeiten und steigt erneut ein: diesmal ins Filmgeschäft. Er produziert eine Dokumentation über Extrem-Kayaking, die – mit rockigem Sound unterlegt und dynamisch geschnitten – einige Aufmerksamkeit und zwei Filmpreise erhält. Mehr jedoch nicht. Die Zeit ist noch nicht reif für Filme dieses Formats. Bis Willy Bogner auf den Plan tritt, das Regiebuch des Actionfilms neu schreibt und den raubeinigen Draufgänger als Stuntman für den Blockbuster »Fire, Ice & Dynamite« ins Boot holt. Ein Sprung von einer 200 Meter hohen Stauseemauer im Rahmen dieses Filmprojekts sprengt die Gesetzmäßigkeiten des freien Falls und die Dimensionen seiner beruflichen Möglichkeiten. Der Film ist ein Senkrechtstarter und Jochen Schweizers

Höhenflug nimmt seinen Lauf. Stunts sind »sein Ding« und die Luft ist sein Element. Höher, schneller, weiter – als Stuntman setzt er neue Marken und landet sogar im Guinness-Buch der Rekorde. Bis dato war der Sprung mit dem Fallschirm die konventionelle Methode, sich aus atemberaubenden Höhen fallen zu lassen. Diese Technik beherrscht er bereits. Doch Bogners Film erfindet den Traum vom Fliegen neu: Hals über Kopf per Bungee-Seil in den Abgrund wie ein Felsenspringer. Nur in einem völlig anderen Ambiente und ohne harten Aufprall im Wasser. Dafür mit maximalem Adrenalinkick.

Der Bungee-Sprung – also der freie Fall ohne Netz und Absicherung – ist eine Konfrontation mit unseren größten Ängsten. Er bietet die einzigartige Chance, sich – unter kontrollierten Bedingungen – der Todesangst auszusetzen und sich mit einer unserer Urkräfte zu konfrontieren. Die Emotion und der Verstand treten in den Konflikt: Rational betrachtet ist die Situation sicher. In emotionaler Hinsicht wird der Ausnahmezustand des Überlebenskampfs, der Abwehr und Selbstaufgabe erlebbar. Am Point of no Return – im Moment des Fallenlassens – verkehrt sich die Situation ins exakte Gegenteil: Kampf und Abwehr werden als Loslassen und Hingabe empfunden, die Angst transformiert sich zur Lust. Tief sitzende Ängste und die Barrieren der eigenen Beschränkungen können überwunden werden.

Ein regelrechter Hype entsteht und das Interesse ist riesig. Der risikobereite Einzelgänger wandelt sich zum verantwortungsbewussten Unternehmer. Jochen Schweizer wird zum Guru der »Abwärts«-Bewegung mit nachhaltigem Aha!-Effekt. Auf Nachfrage organisiert er nächtliche Sprünge von Brücken und bietet die ausgewogene Mischung aus Nervenkitzel, Hurragefühl und Abenteuer. Diesmal ist es der Spaß an der Freude anderer, der ihn antreibt, sein eigenes Business zu gründen: die Jochen Schweizer Bungee GmbH. Statt Brücken dient eine Krananlage an der Münchner Olympia-Regattastrecke als Sprungbrett für den Erfolg, in die Selbsterfahrung und ins Vergnügen. Das Konzept geht ab dem Moment der Inbetriebnahme der Bungee-Anlage auf. Die Medien berichten begeistert über den »sprunghaften« Geschäftsmann, der mit der Kombination Action & Fun den Nerv der Zeit trifft und ihren Puls hochjagt. Die »Generation Golf« braucht Kicks fürs Doppelleben zwischen Anpassung und Rebellion, stürzt sich ins Abenteuer und – mittels Gummiseil gesichert – in den Abgrund. Bungee-Jumping boomt. Das Geschäft ist eine Goldgrube und der Andrang gewaltig. Deutschlandweit lässt Jochen Schweizer nun die Absprunganlagen wie Pilze aus dem Boden schießen – mobil und stationär. Ganze Firmen buchen im Rahmen von Jubiläen und PR-Events den freien Fall als ultimativen Kick. Das Event als Form der Werbung wird geboren. Bungee-Jumping ist ein Muss für jeden Unternehmer, der auf der Höhe der Zeit sein will. Konzepte werden ausgearbeitet, große Werbekunden gewonnen: Wolkenkratzer, Fernsehtürme, Krananlagen sind die Absprungrampen ins Lebensgefühl des Big Fun der 1980er- und 1990er-Jahre. Jochen Schweizer macht immer wieder das Unmögliche möglich, hebelt die Gesetze der Schwerkraft aus – setzt sich Risiken aus und geht an die Grenzen.

Der Ethnologe Claude Lévi-Strauss beobachtete, dass sich Menschen in bestimmten Situationen in gefährliche Randzonen der Existenz vorwagen, wo die sozialen

Normen ihren Sinn verlieren und eine Situation der Unsicherheit entsteht. Was unter normalen Bedingungen gilt, verliert seine Bedeutung. Dies geht so weit, dass sogar die körperliche Unversehrtheit aufs Spiel gesetzt wird. Die Felsenspringer verschiedener Kulturen forderten lebensgefährliche Situationen heraus: Entweder fielen sie auf die Seite des Todes oder sie überlebten, erfuhren eine Art Wiederauferstehung und neue Kraft, die aus der unmittelbaren Konfrontation mit dem Tod resultierte.

Am 20. Juli 2003 reißt die Glückssträhne unvermittelt ab. An einem wolkenlosen Sommertag schlägt das Schicksal aus heiterem Himmel gnadenlos zu. Ein Seilabriss während eines Sprungs – trotz eingehaltener Sicherheitsmaßnahmen und TÜV-Standards – vom Dortmunder Florianturm kostet einen Menschen das Leben. Game over!

Während einer Pressekonferenz braut sich das Unwetter zusammen und der Orkan bricht los. Binnen kürzester Zeit steht der Erfolgsmensch Schweizer vor den Trümmern seiner Existenz. Was unter normalen Bedingungen gilt, verliert seine Bedeutung: Er hat seine Unversehrtheit aufs Spiel gesetzt und haushoch verloren. Er steht vor dem Nichts. »Dieser Schicksalsschlag war die größte Zäsur in meinem Leben – er hat alles in einem unvorstellbaren Ausmaß von einem Moment zum nächsten verändert. Ein Absturz aus den höchsten Höhen des Erfolgs hinab in die Hölle – einmal direkt durchs Fegefeuer und wieder zurück. Meine Lektion ist das Bewusstsein, dass die unternehmerische Verantwortung niemals endet, sondern beständig wächst. Und dass ein derartiges Unglück nichts jemals wiedergutmacht – selbst dann nicht, wenn das Blatt sich wendet und der Erfolg zurückkehrt.«

Dennoch findet Jochen Schweizer die Zuversicht, sich aus der eigenen Asche zu erheben. Dabei hilft ihm der Rückzug in ein Zen-Kloster, wo er zur Ruhe findet und sich im Zustand des Schweigens und der Annahme der Situation neu ordnet sowie Yoga als ganzheitliche Achtsamkeitspraxis entdeckt. Krisen sind Chancen. Jochen Schweizer glaubt an das »Opportunitäts«-Prinzip: dass sich zum rechten Zeitpunkt Erkenntnis, Idee und Begegnung einander die Hand reichen. Er steht einmal mehr – diesmal vom Meditationskissen – auf und kehrt mit verändertem Konzept und erweiterter Perspektive auf die Erfolgsspur zurück, um innerhalb seiner Unternehmensgruppe das Abenteuer neu zu verpacken und per Geschenkgutschein an den erlebnishungrigen Mann und die neugierige Frau zu bringen. Da, wo er sich jeweils befindet, ist sein Ausgangspunkt. Egal, ob beim Bungee-Springen, Tiefschneefahren, Konzertbesuch oder im Kajak: Das tiefste Glück liegt im völligen Aufgehen im Moment, in der totalen Hingabe an eine Sache und damit in der Selbstvergessenheit.

Seit mehr als 50 Jahren fährt Jochen Schweizer nun Kajak – als Kind im Freien, als Jugendlicher im Wettkampf, als Mann auf den schwierigsten und gefährlichsten Flüssen der Welt. Sobald er den ersten Schlag des Paddels setzt, fühlt er sich zu Hause – folgt einem Bewegungsmuster, das er seit einem halben Jahrhundert trainiert. Boot, Paddel und Körper verbinden sich zu einer Einheit. Er ist allein, fährt nirgendwohin. Er paddelt nicht, um an einen bestimmten Ort zu kommen, sondern fährt an stillen Orten Boot, um den Zustand der

Gedankenlosigkeit zu erreichen. Das empfindet er als die größte Freiheit. Die Stille des Ortes und des Wassers überträgt sich auf ihn. Alles entschleunigt. Auch die Zeit. Paddeln ist Zen – die Reduktion auf das reine Tun. Der ehemalige Stuntman und Extremsportler hat die Punktlandung als Unternehmer, Vater und Mensch gemeistert, weil er sich – reduziert aufs Wesentliche im Hier und Jetzt – auf den Fluss des Lebens mit all seinen Herausforderungen eingelassen hat und nach jedem Sturz aus eigener Kraft wieder aufgestanden ist.

# ANDRÉ DAIYÛ STEINER
## Zen-Mönch aus Leidenschaft

Es war einmal ein kleiner Junge, der sich von klein auf anders als die anderen fühlte. Er verlor sich in Tagträumereien, im Kreisen um die eigenen Gedanken, in der Beobachtung: Die »Großen« versuchten ihm zwar die Dinge zu erklären, aber sie hielten sich oft selbst nicht an das, was sie sagten. Sein jüngerer Bruder kam mit einer leichten Behinderung zur Welt und beanspruchte einen Großteil der elterlichen Zuwendung. Der Junge dachte viel nach, versenkte sich in seinen Bücherkosmos und galt als Spätzünder. In der Schule blieb er im Alter von zwölf Jahren sitzen. Als der Vater und sein Umfeld ihm einbläuten, dass es im Leben vorrangig um Leistung und Anpassung geht, verstand er – vorerst –

endlich, wie er sich verhalten musste. Er verließ das Traumschiff seiner Kindheit, trennte sich von seinen verwirrenden Gefühlen, setzte stattdessen seinen hervorragend funktionierenden Verstand ein und arbeitete sich zum Klassenbesten an die einsame Spitze empor.

Dies ist der Anfang von André Steiners Geschichte, die im weiteren Verlauf direkt in eine Karriere mündet. Er hat das Leistungsprinzip verinnerlicht und es vereinnahmt seine Persönlichkeit – beziehungsweise das, was davon übrig geblieben ist. Er ist ein hochintelligenter, vielsprachiger und intellektueller junger Mann, der nach dem Fachabitur in seiner Heimatstadt Basel Studien der Philosophie, Psychologie und Wirtschaftsinformatik in Zürich aufnimmt und in bewährter Manier mit Bestnoten abschließt. Business as usual. Ein amerikanischer Konzern heuert ihn an, er steigt ins Management ein und sein Aufstieg beginnt. Er gibt die geforderten 200 Prozent – tags und nachts. An Sonn- und Feiertagen. Leistung ist sein Credo.

Die Beziehung zu seiner damaligen Freundin, die finanziell von ihm abhängig ist, stabilisiert ihn. Er zahlt, ohne mit der Wimper zu zucken, ihren angehäuften Schuldenberg ab – und zum Dank verlässt sie ihn. Eine derartige Quittung hat er nicht erwartet: Die Trennungskrise wirft den gefühlsmäßig stark unterkühlten Zyniker aus der Bahn. Über Geld hat sich der Schreinersohn aus kleinbürgerlichen Verhältnissen bisher keine besonderen Gedanken gemacht. Er hat es einfach verdient. Nun ist er fast bankrott und ernährt sich monatelang von Tütensuppen. Sein Ego, das er sich so beflissen und beharrlich aufgebaut hat, erhält einen enormen Sprung: Status ist anscheinend nicht alles. Der emotionale Schutzschild hat eine Schwachstelle und André Steiners Welt gerät ins Wanken.

Nach der Arbeit zieht er mit Kollegen los und betäubt mit Alkohol den Kummer. Doch er hat Glück im Pech: Er braucht nicht viel davon, um sich auszuknocken, denn ihm fehlt ein Enzym, das den Alkohol abbaut. Eine kurze, aber heftige Phase, während der er sich dem Rausch hingibt, um das zermürbende Gedankenkarussell anzuhalten. Der Job erscheint ihm zunehmend sinnlos, bietet jedoch Ablenkung – bis ihm eines Tages ein Flyer in die Hände fällt, der zu einem siebentägigen Schweige-Retreat einlädt. Der Wunsch, sich von allem zurückzuziehen, ist übermächtig. Wie der »Zufall« es will, übersieht die Sekretärin, die seine Anmeldung entgegennimmt, dass er ein Anfänger ohne Vorkenntnisse ist. Er erhält einen Platz im Zen-Seminar und zieht sich für eine kurze Auszeit von der Welt zurück. Eine Woche Selbsterfahrung, die sein Leben grundlegend verändern wird.

Zen ist die Kunst der meditativen Versenkung. Eine Lehre, die dem Buddhismus entstammt: der weglose Weg, das torlose Tor. Die dem Zen zugrunde liegende große Weisheit muss nicht gesucht werden, denn sie existiert bereits. Indem die spirituell Suchenden ihre Anstrengungen ablegen, die Illusion des »Ich« aufrechtzuerhalten, stellt sich die Wahrheit ein. Primäre Aufgabe des Zen-Schülers ist die bewusste Wahrnehmung des gegenwärtigen Moments sowie Achtsamkeit ohne Beurteilung – in möglichst jedem Augenblick des Lebens, denn Zen ist seinem Wesen nach beständige Praxis. André Steiner lässt sich darauf ein. Er erlebt im stundenlangen stillen Sitzen den Schmerz seiner körperlichen Blockierungen, fühlt seine Sensibilität und Verletzlichkeit und erfährt schließlich die bedingungslose Annahme durch den Meister. Nach sieben Tagen jenseits aller Vorstellungskraft beginnt er, etwas zu spüren, das ihn zutiefst berührt: sich selbst. Er geht vor dem, was er empfindet, in die Knie. Vor der Erkenntnis, dass er eigentlich nur geliebt und angenommen werden will. Und vor dem, was daraus geworden ist.

Er kehrt verändert in den Alltag zurück. Der Moment zählt. Diese Erfahrung entscheidet über sein weiteres Leben. Und mit jedem Moment, den er als Manager im Einsatz ist, wird ihm von nun an die Diskrepanz des eigenen Handelns zunehmend bewusst. Der Beruf zwingt ihn, eine Zukunft zu planen, die sich immer weiter aus seinem Horizont entfernt. Nebenbei und während der Urlaubsphasen vertieft er sich in die Lehre des Zen, die mehr und mehr Raum einnimmt und seinem Leben einen völlig neuen Sinn gibt. Doch er befasst sich auch mit anderen spirituellen Praktiken wie Hatha-Yoga und dessen Techniken und lässt sich sogar zum Yogalehrer ausbilden. Auch in dieser Form der Achtsamkeitsübung findet er eine Möglichkeit, das in Fleisch und Blut übergegangene Leistungsdenken zu transformieren. Er muss nicht ständig höchste Anforderungen an sich stellen wie früher im Ausdauersport oder als Marathonkämpfer und sich bis an die Grenzen des Möglichen verausgaben. Es geht eher darum, sich tiefer auf den Prozess einzulassen, als sich durch zerstreuende Vielfalt und fortwährende Aktivität abzulenken. André Steiner praktiziert Yoga, um sich zwar körperlich zu fordern, aber schlussendlich ein tiefes und entspanntes Wohlbefinden zu erfahren, das den Körper ideal auf die Meditation vorbereitet.

Als Freigeist und spirituell Suchender praktiziert er u. a. auch die Vipassana-Meditation, vertieft sich in Oshos Lehren, die uralten hinduistischen Schriften, tibetische und tantrische Techniken sowie in die asiatische Kampfkunst. Nur eines lehnt er grundsätzlich ab: begrenzendes Dogma. Die Übungen, egal, welcher Disziplin, sind das Tor, durch das der Zen-Schüler wieder und wieder hindurchgeht, um die Wahrheit, die immer wirkt und präsent ist, zu erkennen. Fast so, als ob man den Augenblick rahmen würde, um ihn festzuhalten und einprägsam erlebbar zu machen. Rituale, die ein Innehalten erfordern. Denn nur in der Stille wirkt die Berührung des Herzens, die tiefer bewegt als alle Anstrengung des Geistes. Der kopforientierte Verstandesmensch verlässt den Elfenbeinturm komplizierter Gedankenkonstrukte und setzt stattdessen auf Empfindungen, die aus dem jeweiligen Moment resultieren. Das zunehmende Maß an Achtsamkeit bewirkt nun auch die Ernährungsumstellung auf eine vegetarische und später vegane Kost. André Steiner erkennt die Widersprüche in sich, löst sie auf und findet zu einer Lebensweise, die Körper, Geist und Seele gleichermaßen integriert. Es ist nur eine Frage der Konsequenz, dass er etwa zehn Jahre später dem lukrativen Job und der Karriere den Laufpass gibt. Er steigt aus dem Kreislauf seiner für ihn sinnlos gewordenen Tätigkeiten aus.

Heute ist André Steiner als gefragter Zen-Coach in München tätig. Erfolg scheint sein Karma zu sein. Er bietet ganzheitliches Coaching an, das folgende »zehn Tore« umfasst: Meditation, Interaktion mit einem Lehrer, Körperarbeit (Yoga, achtsame Ernährung, Atemübungen, Entspannungstechniken, Gesundheit und Heilen), Kunst und Kreativität, Arbeitspraxis (alle Aspekte, die mit Arbeit verbunden sind, wie Jobsuche, Leadership usw.), Beziehungsmanagement (Partnerschaft, Erziehung, Sexualität, Sterben, Krankheit usw.), Weisheit und Verstand (z. B. Koan-Training, Dharma-Studium), Geist und Schatten (tiefenpsychologische Arbeit, Schatten-, Trauma-Arbeit usw.), Achtsamkeitsübungen, Ethik. Hierbei geht es darum, die Identifikation mit dem Körper, dem Geist und den Emotionen – kurz: dem Ego – aufzugeben. Das Zen-Training bietet dabei einen Weg, um den Zugang zum inneren Raum zu schaffen, zu einem Ort der tiefen Entspannung, der Klarheit und Konzentration, der Freude und Kraft, und somit zum Erkennen des Egos. André Steiner will damit eine Möglichkeit offerieren, Spiritualität durch Bewusstsein und Achtsamkeit in alle Lebensbereiche zu integrieren. 30 Prozent seiner Zeit arbeitet er auf Spendenbasis und engagiert sich u.a. über die Aktion »Potenzial Spaß«, um Kindern bereits in der Schule Achtsamkeitstechniken wie Yoga und Meditation zu vermitteln.

André Steiner verbringt viel Zeit in japanischen Klöstern und mit renommierten Lehrern des Zen, um seine Studien fortzusetzen. Es ist ein mühsamer Weg zur Meisterschaft, aber er geht ihn konsequent. Das, was ihn nachhaltig an der Lehre reizt, ist, dass die Selbsterfahrung zählt. Dies hat ihn immer wieder auf den bewährten Kurs gebracht, wenn er sich anderen spirituellen Disziplinen zuwandte. Im Zen wird die Lehre direkt vom Lehrer auf den Schüler übertragen. Intensive Übungen sind der Weg in die kontemplative Versenkung. Es geht weniger um den äußerlichen Dialog, sondern um die Berührung von Herz zu Herz: Schweigen ist Silber. Fühlen ist Gold. Ein aus der Tiefe empfundenes Mitgefühl erhebt das Herz über den Verstand und bestimmt das Handeln. Der erleuchtete Meister strahlt durch den Blick aus, was er im Inneren ist: reine Liebe.

Den spirituellen Namen erhält André Steiner von seinem Meister und er trägt ihn im Namen wie ein Krieger sein Wappen im Schild: »Daiyû« bedeutet so viel wie »großer Held«. Das Logo seines Zen-Zentrums beinhaltet den Kreis. Ein Symbol für Integrität und Ganzheit. Wer im Kreis geht, ist auf der Suche nach einem Ausgang, den es nicht gibt. Er kommt niemals an. Wenn jedoch das Kreisen akzeptiert wird, löst sich die Suche in der Annahme dessen, was es ist: ein Weg. Die Tugenden des Kriegers, des japanisches Samurai, sind dabei richtungsweisend. Während ein- und mehrtägiger Seminare bietet André Daiyû Steiner, so lautet sein spirituell-weltlicher Name, für alle in diverse Firmenhierarchien eingebundenen Beteiligten – vom Angestellten bis zum Vorstand – maßgeschneiderte Seminare.

Ursprünglich standen die Samurai als Soldaten im Dienst des japanischen Kaisers und der Adelsstämme. Durch die Errichtung einer Militäraristokratie stiegen sie allerdings bald zur herrschenden Schicht auf. Anfangs war die Beschäftigung der Samurai mit Zen ein reines Mittel zum Zweck. Denn während unzähliger Kriege waren sie an allen Möglichkeiten, die ihre Überlebenschance erhöhten und die Herrschaft sicherten, stark interessiert. Die Ausbildung zum Samurai war hart, begann früh und schulte vorrangig die Körperbeherrschung und Schmerzunterdrückung. In nahe gelegenen Klöstern lernten die Kindersoldaten lesen und schreiben. Im Alter von etwa sieben Jahren erfolgte die Unterweisung im Umgang mit Waffen wie Bogen, Schwert, Messer sowie in Jiu Jitsu, einer Selbstverteidigungstechnik ohne Waffengebrauch. Ein erfahrener Samurai führte seinen Schüler über mehrere Jahre hinweg in die Lehre ein, die etwa im Alter von 15 Jahren endete. Den Abschluss der Ausbildung bildete eine feierliche Zeremonie, in deren Verlauf der Schüler einen neuen Namen, das Schwert und den Bogen erhielt.

Die aus dem Zen-Training resultierende Schärfung der Sinne und die Fähigkeit zur absoluten Konzentration sowie Ruhe selbst im Angesicht des Todes stellen das Ziel aller Übungen dar. Schwert und Bogen wurden im Lauf der Zeit Hilfsmittel zur Meditation, die Ruhe, Gelassenheit und innere Freiheit bewirkt – was vielmehr durch Loslassen und Hingabe als durch verbissene Disziplin mit Perfektionsanspruch erreicht werden kann. Die Wettbewerbssituation durch den Vergleich fordert zudem dazu heraus, innere Muster, Überzeugungen und Glaubenssätze aufzudecken sowie neue Möglichkeiten zu entwickeln, um mit diesem Trigger des Alltags umzugehen. Achtsamkeit greift dort, wo die Abschweifung der Gedanken bemerkt und der Geist auf die Übung zurückgelenkt wird – frei von Verurteilung und Bewertung. Durch kontinuierliche Praxis und Meditation enthüllt sich dann ganz allmählich, was hinter dem Bollwerk der »Persönlichkeit« steckt.

Spiritualität bedeutet für André Daiyû Steiner, Achtsamkeit in jeden Bereich des Lebens zu bringen. Das Unbewusste bewusst zu machen. Wach zu werden für den Augenblick. Mit dem »Autopiloten«, der uns alle mehr oder weniger steuert, zu kooperieren. Dabei bevorzugt er den Begriff der »Mystik« gegenüber der vieldeutig und überstrapaziert gebräuchlichen »Spiritualität«, weil ein spirituell orientierter Mensch stets danach strebt, sich mit einer höheren Macht zu verbinden. Ein Mystiker spürt hingegen tief im Herzen, dass er bereits verbunden ist, und bringt dies oftmals durch seine persönliche Kunstform zum Ausdruck, die die Schönheit der Schöpfung fortwährend bestaunt. Der Mystiker sucht nicht. Er findet oder wird gefunden. Schönheit ist ein zeitloses Konzept, das sich über die Dualität erhebt, weil beispielsweise der Geist eines Kunstwerks – Musik, Malerei, Literatur – über unterschiedlichste Epochen hinweg wirkt und seinen ewigen Zauber bewahrt. Die Dualität, deren Ursprung in der Einheit liegt, lässt die Welt in zwei Hälften zerbrechen: Hell und Dunkel, Oben und Unten, Weiblich und Männlich … Dein und Mein. Diese Spaltung reicht tief in unser Bewusstsein hinein und beginnt, aus der Trennung heraus die Dinge zu benennen, zu unterscheiden, zu vergleichen und zu bewerten: ohne Gut kein Böse. Ein Kosmos der Konstrukte, die sich voneinander abgrenzen und schließlich isolieren.

Bedingungslose Liebe, die aus der Berührung des Herzens resultiert, sei der Weg, um in die Einheit zurückzufinden, meint André Daiyû Steiner. Die Integration aller noch so widersprüchlichen Konstrukte, Gefühle und Gedanken bedingt den inneren und äußeren Frieden. Kinder besitzen den intuitiven Zugang zur ungeteilten Welt: Sie »wissen«, ohne zu wissen. Durch das Erlernen der bewussten Trennung der Dinge voneinander fallen wir jedoch aus der Einheit – aus der sicheren und geborgenen Mitte – in den abgrundtiefen Graben der

Spaltung. Berührung ist der Schlüssel für das torlose Tor. Der Weg der (Selbst-)Heilung. Die Suche im Außen führt dabei im Zen mittels Ritualen und Exerzitien zur tiefsten Form intuitiven Verstehens durch Selbsterfahrung: Annahme – Empathie – Liebe. Das Leben selbst wird zum Ritual. Das Ritual erwacht zum Leben. Der Kreis schließt sich.

# JÖRG BUNERU
## Lektionen in Demut

Wenn er oder sein jüngerer Bruder nicht spuren, setzt es abends Prügel vom Vater. Zucht und Ordnung sind die harten Lehrmeister von Jörg Buneru von Kindesbeinen an – prägende und demütigende Lektionen: Die einen werden stark und unabhängig, die anderen zerbrechen daran. Er entkommt der Zerreißprobe über den Mittelweg und lernt von früh auf, sich an sein jeweiliges Umfeld anzupassen, während der kleine Bruder den Rebellen gibt. Oft flüchtet er sich in die Kirche, weil er diesen stillen Ort als Schutzraum empfindet, der ihm inneren Frieden schenkt. Die Schulzeit absolviert er ohne Schwierigkeiten, nur die Umzüge alle paar Jahren stressen ihn, denn dadurch werden immer wieder die Freundeskreise zerstört, die er sich aufgebaut hat. Nach dem Abitur zieht es ihn zum Bergbau: Die Union der Kumpels und harten Kerle bietet ein klares Leitbild, an dem er sich orientieren kann. Zudem sponsern ihm die Eltern kein Studium. Aber es kommt, wie so oft im Leben, ganz anders.

Ein Berufsberater, der eigentlich den jüngeren Bruder beruflich in die Spur bringen soll, erläutert ihm die Vorzüge der Polizeibeamten-Laufbahn: fixes Gehalt, solide Absicherung, gute Aufstiegsmöglichkeiten. Und zudem ein scharf konturiertes Männerbild inklusive der Chance, der Bundeswehr zu entgehen. Jörg Buneru schlägt ein. Er ist hoch motiviert, ehrgeizig und liefert gute Noten. Das bringt ihm endlich die Anerkennung, nach der er sich so sehr sehnt. Er will der ideale Cop sein, stellt das Gesetz über alles und lernt, die Gefühle aus dem Job herauszuhalten.

Nach Dienstschluss stählt er seinen Körper in der Muckibude. Anschließend zieht er mit Freunden durch die Kölner Bars. Was an echtem Selbstwertgefühl fehlt, wird antrainiert oder mit Alkohol betäubt. Er nimmt sich selbst so hart ran im verbissenen Kampf um Beachtung, dass sein Körper mit autoaggressiven arthritischen Schüben reagiert und Schuppenflechten großflächig die Haut bedecken. Fast zwanghaft kontrolliert er sich und andere auf der Basis eines konservativen Wertesystems, das er zutiefst verinnerlicht hat. Anerkennung bedeutet ihm alles. Die Ausbildung schließt er als einer der Jahrgangsbesten ab. Anschließend will er an der Fachhochschule für Verwaltungswissenschaften studieren, um die höhere Beamtenlaufbahn als Kommissar einzuschlagen. Doch er besteht den Zulassungstest nicht, da seine Prüfungsangst ihn blockiert. Dieses Resultat frustriert ihn zutiefst und löst erneute Selbstwertzweifel sowie weitere autoaggressive Krankheitsschübe aus.

Er beginnt, zusätzlich zum Alkohol, der seine Unsicherheiten kompensiert, Medikamente zu schlucken, um die chronischen Schmerzen auszublenden. Eine Freundin inspiriert ihn dazu, neben dem Job ein Studium der Japanologie zu beginnen. Es ist weniger das echte Interesse an den Inhalten als vielmehr der Wunsch nach einer außergewöhnlichen Persönlichkeit kombiniert mit Orientierungslosigkeit, die Jörg Buneru zu diesem Schritt bewegen. Nach dreieinhalb Semestern als teilnahmsloser Gasthörer und der hinzugewonnenen Fähigkeit, die Vornamen seiner Freundinnen in japanischen Schriftzeichen zu schreiben, erhält er überraschend ein Zulassungsschreiben von der Polizei-Fachhochschule, das ihm per Nachrückverfahren das ursprünglich angestrebte Studium bei laufendem Gehalt ermöglicht. Er braucht die Absicherung, weil ihm der Glaube an sich selbst fehlt.

Nach außen tritt er stets als gut gelaunter Sonnyboy auf, dem alles gelingt und der es jedem recht macht. Nach innen verschließt er sich zunehmend und spürt sich nicht mehr. Bilder von grauenvoll entstellten Leichen, Brutalität und Verkehrsunfälle berühren ihn kaum. Er lässt nichts an sich heran und ist stolz auf die eigene Verrohung – dem Mythos des harten und schmerzresistenten Kerls endlich nahe. Was er allerdings innerlich nicht mehr fühlt, zeigt sich als Psoriasis in Form von chronischen Entzündungen an der Hautoberfläche. Der innere Konflikt reibt ihn äußerlich auf.

Im Alter von etwa 30 Jahren heiratet Jörg Buneru: mein Haus – meine Frau – mein Job. Er erfüllt, oberflächlich betrachtet, alle Kriterien des idealen Schwiegersohns. Ein durchtrainierter, attraktiver Kriminalbeamter, der alles gibt und viel leistet. Doch er verausgabt sich völlig in dieser Rolle und bei den immer höheren Erwartungen an sich selbst. Heute erkennt er, dass er sich auf seine erste Ehe überhaupt nicht eingelassen, keine Verpflichtungen übernommen oder Tiefe empfunden hat. Beziehung bedeutet für ihn zu jener Zeit, maximal das Gefühl von Verliebtheit zuzulassen. Mehr jedoch nicht. Der Kinderwunsch seiner Frau wirkt bedrohlich auf ihn. An der Beziehungsunfähigkeit und mangelnden Einsicht zerbricht die Ehe und wird nach zehn Jahren geschieden.

Jörg Buneru kompensiert jegliche Form von Frustration weiterhin mittels Sport, Medikamenten und Alkohol: Wenn er nicht täglich seinen Körper durch Bodybuilding exzessiv fordert, empfindet er Entzugserscheinungen. Er ist ein Hochleistungsmensch durch und durch, der sich selbst nur unter großem Druck wahrnimmt. Ein neues Hobby erweitert allerdings seinen Horizont. Beim Windsurfing und Wellenreiten findet er eine ungewohnte Erfüllung, die ihm bis dahin unbekannte Glücksgefühle beschert. Er ist fassungslos über das Empfinden, sich in jeder Faser seines Körpers lebendig zu fühlen. Den Naturgewalten allein ausgesetzt – befreit vom Kontrollzwang, nur der Augenblick zählt.

Die Natur bewegt ihn, das Meer bietet ihm Widerstand und Reibungsfläche: Südafrika wird nach der Scheidung zu seinem Sehnsuchtsland mit dem Versprechen von Freiheit und unbegrenzter Weite. Ausgerechnet am

Kap der Guten Hoffnung riskiert er zu viel und geht sprichwörtlich baden. Er ertrinkt dort während des Surfens fast, kommt nicht mehr an die Wasseroberfläche und kämpft bis zur völligen Erschöpfung. Als er aufgibt, empfindet er einen Moment lang tiefen Frieden und erkennt auf einer jenseitigen Ebene seinen sinnlosen Kampf. Er überlässt sich der überwältigenden Macht und Größe der Natur – und der Ozean gibt ihn in letzter Minute frei. Eine Lektion in Demut und eine tiefe Einsicht ins Leben, die befremdlich anders ist. Die Welle hat ihn gebrochen. Die Wahrnehmung des totalen Kontrollverlustes, die ihm ein Gefühl der Endlichkeit vermittelt hat, versetzt seinem Lebenskonzept einen abgrundtiefen Riss. Als er am Strand wieder Land unter den Füßen gewinnt, wird ihm zitternd klar, dass er nicht nur schleunigst den Neoprenanzug, sondern auch das Korsett der Anpassung ablegen muss.

Zurück in Köln, bleibt allerdings erst mal alles beim Alten. Im Job und beim Sport herrscht die übliche Routine im Hamsterrad, dafür wechseln sich die Frauen an seiner Seite ab. Mit dem neuen Jahrtausend hält Yoga in den Fitnesscentern Einzug. Eine Freundin überredet Jörg Buneru zum »Power Yoga« – mit völlig andersartigem »sportlichen« Ansatz: auspowern bis zur Tiefenentspannung. Auch der Rahmen ändert sich … die Yogis rollen ihre Matten in den Wohnzimmern aus, mit anschließendem Austausch bei Tee und veganen Keksen. Hier beobachtet er zum ersten Mal bewusst das Zusammenspiel von Körper und Geist im Fokus einer Achtsamkeitspraxis als stressreduzierende Methode. Die Yogapraxis erschließt dem stahlharten Cop ganz allmählich den Zugang zu den traditionell weiblich eingestuften Qualitäten wie Hingabe, Empathie und Intuition. In dieser Gemeinschaft, die vorwiegend aus Frauen besteht, lernt er, seine weiche Seite anzunehmen sowie die aufkommenden zwiespältigen Gefühle zu akzeptieren. Nach einiger Zeit bemerkt er, dass sich sein Körper während des Bodybuildings weicher und entspannter anfühlt. Zudem benötigt er weniger Medikamente, um die chronischen Schmerzen auszublenden.

Ein Aufenthalt mit seiner Freundin in New York führt ihm das dort vorherrschende maskuline Selbstverständnis klar vor Augen und zeigt, dass sein eigenes Männerbild völlig überholt ist. Der »neue Mann« präsentiert sich weltoffen und kosmopolitisch. Die Yogamatte unterm Arm, wird er zum globalen Statement: Superman hat ausgedient. Yoga erfährt im Melting Pot eine auf westliche Bedürfnisse zugeschneiderte Transformation – »hip, sexy & holy«. Überall in der Metropole wird der Imagewandel bei rockigem Sound und wabernden Räucherstäbchenschwaden in den Hinterhof-Yogastudios der Szeneviertel zelebriert. Die uralte Philosophie erfindet sich neu.

Jörg Buneru ist begeistert und meldet sich zur vierwöchigen Yogalehrerausbildung in seinem favorisierten Stil an einem abgelegenen Ort in Österreich an. Verblüfft registriert er dort die kollektive Niederwerfung der Yogakommilitonen zu Füßen der Gurus, kämpft mit Verständnisschwierigkeiten bei der Übersetzung aus dem Englischen und den Vorzügen der veganen Ernährung. Die Kombination aus Schmerzen, körperlicher und geistiger Anstrengung sowie der kurzfristige Entzug von Tabletten und Alkohol bewirken innere Unruhezustände, die in Wutanfällen gipfeln. Er kämpft mit sich, aber er bleibt bis zum Schluss dabei. Am Ende ist er empathischer für seine Umwelt, entwickelt ein verändertes Bewusstsein für das Leid der Tiere, die für den menschlichen Konsum millionenfach sterben. Er ist zum Veganismus konvertiert. Und nebenbei auch noch ein zertifizierter Yogalehrer.

Mit knapp 40 Jahren ist er als Lehrer in den renommierten Kölner Studios tonangebend. Neben dem Vollzeitjob als Kommissar, versteht sich. Er mag zwar sein Bewusstsein durchaus erweitert haben, aber tief eingeprägte Gewohnheiten lassen sich deshalb längst nicht so ohne Weiteres ablegen. Vier Jahre lang hetzt er nun nach Feierabend von Studio zu Workshop zu Retreat. Als seine Tochter zur Welt kommt, nimmt er sich für zweieinhalb Jahre eine Auszeit mit Wiedereinstiegsgarantie vom gut bezahlten Dienst. Raus aus dem Routinejob, rein in die Yogastudios per Ganzkörpereinsatz. Doch auch hier empfindet er wieder den auf ihm lastenden Leistungsdruck und fühlt sich dabei nicht ansatzweise authentisch. Er spürt die Diskrepanz im Zustand des voranschreitenden Burn-outs zwischen dem, was er lehrt, und dem, wie er lebt. Ein tiefer Erschöpfungszustand raubt ihm die Energie und er kompensiert nach altem Schema mit den üblichen Mitteln zum unheiligen Zweck. Er versucht einmal mehr, es allen recht zu machen, und verliert dabei die Verbindung zu sich selbst, trennt sich ab von seinen Empfindungen. Bis dahin leidet er unter der falschen Vorstellung, Yoga rein körperlich bewältigen zu müssen, auch deshalb, weil er keinen Zugang zum Pantheon der hinduistischen Gottheiten und den zeremoniell durchgeführten Riten hat – eine weit verbreitete Vorstellung von »Spiritualität«. Er fühlt sich vielmehr als Teil des Großen und Ganzen, wenn er mit anderen meditiert, singt oder in der Natur ist.

Eine Psychotherapie hilft Jörg Buneru in dieser Phase, sich selbst besser auszuloten. Er »trainiert« weniger, empfindet sich als fett und hässlich, ist zerfressen von Selbstzweifeln, falschen Glaubenssätzen und Existenzängsten. Heute weiß er, dass er damals vieles missverstanden und einfach nur die Polizeiuniform gegen Yogaklamotten ausgetauscht hat: ein getriebener Workaholic, der anderen Entspannungstechniken zu vermitteln versucht. Ein wandelnder Widerspruch.

Bei einem Wasserski-Unfall erleidet er einen Arterienriss, der im fortgeschrittenen Stadium zum Schlaganfall führt. In diesem schmerzvollen Zustand erlebt er nochmals den totalen Kontrollverlust und spürt die Todesnähe in Form einer friedvollen Klarheit, die ihn ganz und gar überkommt. Doch seine Zeit ist noch nicht abgelaufen. Während des Krankenhausaufenthalts versucht er bereits schon wieder mit Gewalt, in die alte Form zu kommen, lehnt sich gegen den Zustand von Schwäche und Machtlosigkeit auf, schleppt sich aus dem Bett, um auf dem nackten Fußboden sein Yogaprogramm durchzuziehen. Nachdem er aus der Rehabilitation entlassen und wieder einsatzfähig ist, kehrt er zur Polizei zurück. Es dauert jedoch nicht lange, bis er einen schweren Bandscheibenvorfall erleidet, der ihn völlig außer Gefecht setzt. Sein Körper quittiert ihm den Dienst aufgrund der jahrzehntelangen Ausbeutung. Körperlich ist er nun am Ende. Und genau darin liegt die große Chance für den Neubeginn ...

Es geht in kleinen Schritten voran. Der ehemals drahtige und hochaktive Allrounder schleppt sich an Krücken durch den Tag. Was kein Rückschritt ist, ist ein Fortschritt. Lange Zeit ist Jörg Buneru krankgeschrieben, doch ganz allmählich rappelt er sich mit der Hilfe einer Physiotherapeutin wieder auf. Nach und nach gelingt es ihm, seinen Körper mittels restorativem Yoga wieder in fließende Bewegungsabläufe zu bringen. In dieser Zeit des völligen Rückzugs erschließt er sich den stillen Raum der Meditation und lernt, seine Gefühle durch das Harmoniumspiel und Singen von Mantras in verschiedenen Stimmungen auszudrücken. Gerade weil ihm der übliche Handlungsspielraum und Bewegungsradius fehlt, kann er sich unabgelenkt aufs Wesentliche konzentrieren, in sich hineinhören, zur Ruhe kommen – und in die tiefe Berührung mit sich selbst. Er musste erst körperlich gebrochen werden, um sich aus der Hyperaktivität und beständigen Anspannung zu lösen. Nun fühlt er im Erleben der kleinen Dinge, die möglich und überhaupt zugänglich sind, was ihm wirklich guttut und wertvoll ist. Dadurch erkennt er, dass er sich durch die Identifikation mit falschen Werten selbst in die Sackgasse gelotst hat.

Es geht langsam bergauf. Und mit der zurückkehrenden Kraft bahnt sich sein Wille einen Weg, sein Leben radikal zu ändern. Jörg Buneru schließt sich für drei Monate ein und führt den kalten Entzug von Tabletten und Alkohol durch. Wie ein Junkie wälzt er sich unter Höllenqualen auf dem Boden, windet sich in seinen Exkrementen und hält alle Wellen, die ihn zu zerstören drohen, aus, bis der Sturm endlich, endlich vorbei ist. In der schwächsten und demütigendsten Situation wacht er auf und kommt zu sich. Es ist vorbei. Er ist clean. Was er per Selbsterfahrung als nachhaltigen und wirkungsvollen Heilungsprozess erlebt hat, will er von nun an anderen vermitteln. Er absolviert eine Yogatherapieausbildung bei einem Lehrer, der ihm keinen Kniefall abfordert oder irgendeinen exotischen Kult fördert, sondern der ihn so akzeptiert, wie er nun mal ist, und der das Heilungspotenzial in der Aufgabe von Widerständen und der Selbstannahme erkennt: vertiefte Lektionen in Demut.

Mittlerweile ist Jörg Buneru mit seinem Schicksal und mit sich selbst versöhnt. Er ist dankbar für seinen sturmerprobten und sicheren Job, der ihn und seine Familie ernährt, und pfeift auf eine flamboyante Vita nebst schillernder Persönlichkeit, die sich hinter neurotischen Masken verschanzt. Seine Kollegen haben ihn immer wieder ins Team integriert und Verständnis gezeigt, trotz aller Turbulenzen. Und das weiß er inzwischen zu schätzen. Erst während seiner Auszeit hat er verstanden, dass ihm auch in seiner Funktion als freiberuflicher Yogalehrer die üblichen Lernfelder wie Hierarchien, Strukturen und Meinungsverschiedenheiten nicht erspart bleiben. Die Existenzängste bei einem Leben in »Freiheit« ohne Absicherung kommen gratis hinzu. Ob als Beamter oder als Selbstständiger: Es gibt kein Entrinnen vor der Realität und der Wahrheit. Jörg Buneru nimmt sich inzwischen in seinem Beruf empathischer wahr als früher, kann etwas weiter hinter die Fassade blicken und erkennt den Menschen, mit dem er jeweils zu Gericht geht, besser – gerade weil er ein Stück Kontrolle verloren, dafür aber ein gesundes Maß an Distanz gefunden hat.

Heute unterrichtet er unter anderem Yoga für Polizisten – je nach Situation: Mal wird gepowert, mal wird tiefenentspannt. Der Stress zieht sich wie ein roter Faden durch sämtliche Schichten der Gesellschaft. Insofern möchte Jörg Buneru aus eigener Erfahrung mittels Yoga therapeutische Präventivmaßnahmen gegen Burn-out & Co. anbieten bzw. die begleitenden Symptome mildern, um den Teufelskreis chronischer Erschöpfungszustände zu durchbrechen. Seiner Meinung nach ist nicht jede Form von Yoga wie z. B. zu schnell getaktetes »Hochleistungsyoga« als gesund, heilsam oder therapeutisch einzustufen. Dieser Anspruch muss auch nicht unbedingt immer erfüllt werden. Mitunter mag es einfach auch mal nur ein gutes »Work-out« für die Kondition und den Organismus sein – doch dabei verliert die Yogapraxis eben ihr mächtiges Werkzeug der bewussten Selbstwahrnehmung. Nur so kommt der Übende wirklich tief mit sich in Verbindung, vermag Muster und Konditionierungen aufzulösen und sein Schicksal zu ändern.

Am Ende der langen und aufreibenden Reise hat Jörg Buneru zu sich selbst gefunden und die guten alten Werte wiederentdeckt. Seine Familie, die Natur und ein Leben in Balance sind ihm heilig. Ohne die verbindliche Beziehung zu seiner Frau und seiner Tochter – ohne ihre bedingungslose Annahme und Liebe – wäre sein Weg wohl völlig anders verlaufen. Im Wesentlichen will er eigentlich nur eines: angenommen und geliebt werden. Nicht heilig, sondern heil werden.

# KRISHNATAKI
## Aus der Mitte entspringt der Fluss des Lebens

Panagiotis Oikonpmou – alias Takis – wird als Sohn eines Bauunternehmers und dessen Frau in Athen geboren, wo er aufwächst und seine Jugend verbringt. In der Obhut der Großmutter erfährt er bedingungslose Liebe, Nestwärme, Geborgenheit und entdeckt in ihrer Küche die sinnliche Welt der Gewürze, Heilmittel und nahrhaftes »Soulfood«. Er erkennt früh, dass die Großmutter an der Seite ihres Mannes ein schweres Leben führt, aber trotzdem immer liebevoll, großmütig und humorvoll ist. Diese Prägung formt seine optimistische Lebenseinstellung. Die Freigeistigkeit ist ein Geschenk des lebenslustigen und großherzigen Vaters, der ihn stets dazu ermuntert, jenen Weg einzuschlagen, der ultimativ glücklich macht. Ohne Dogma und Zwang.

Nur mit der Mutter liegt er oft quer und über Kreuz. Sie will ihn zum Mustersohn formen, der den sozialen Aufstieg mittels Glanznoten, Uni-Diplom und beruflicher Karriere meistert. Doch der wilde Knabe leistet erbitterten Widerstand. Er boykottiert die Regeln, wechselt die Schulen – mal römisch-katholisch, mal griechisch-orthodox –, gibt den Revoluzzer und bietet den autoritären Lehrern alter Schule die Stirn. Besonders, wenn diese Zucht und Ordnung verlangen und cholerisch auf die Kinder einprügeln, die ihrer Willkür ausgesetzt sind. Nur im Mathematikunterricht weist er gute Noten auf, ansonsten ignoriert er alles, was einengt oder Fesseln anlegen will. Sein Freundeskreis verändert sich nicht nur wegen der häufigen Schulwechsel, sondern auch, weil der Vater in der Baubranche erfolgreich ist und die Familie in vornehmere Athener Stadtteile zieht. Takis passt sich an sein jeweiliges Umfeld an – ob reich oder arm: Er findet in jeder Lebenslage problemlos Freunde und Gefährten.

Als die Schule, die er im Alter von 16 Jahren besucht, bis auf die Grundmauern abbrennt – und damit die Belege seiner miserablen Leistungen –, erhält er einen Persilschein, der ihm den qualifizierten Abschluss attestiert: nicht glorreich, aber erfolgreich. Nun ist er befreit von der lästigen Pflicht und der Horizont ist offen. Der frühreife und einfühlsame Jugendliche entwickelt sich schnell zum Womanizer und richtet seine volle Konzentration aufs weibliche Geschlecht. Er folgt seiner Freundin nach Rom, wo er neun Monate verbringt und »la dolce vita« bis zur Neige auskostet. Anschließend kehrt er nach Athen zurück und stürzt sich ins Nachtleben: Er entdeckt seine Spielernatur, erzielt beim Poker hohe Gewinne, mit denen er seinen Lifestyle und den einsetzenden Drogenkonsum finanziert. Es sind weniger Abhängigkeit oder Weltenflucht, die ihn mit Rauschmitteln aller Art experimentieren lassen, sondern vielmehr das Fehlen echter Werte und des tieferen Sinns seines Daseins sowie der Wunsch nach bewusstseinserweiternden Adrenalinkicks, die durch die Adern pulsieren, das Herz rasen lassen und die Pupillen weiten. Takis ist zu jenem Zeitpunkt ein charmanter Zocker mit ausreichend Assen und Jokern im Ärmel, um die Grenzen auf der Suche nach Neuland auszuloten.

Als seine Traumfrau ihm über den Weg läuft, eine Seelengefährtin orientalischen Typs, verliebt sich Takis auf den ersten Blick. Fünf Jahre hält die Beziehung, erst danach erkennt er in ihrem Vater seinen ersten spirituellen Lehrer, den er als authentisch und souverän empfindet und ihn damit akzeptiert: ein charismatischer Hippie – hochgebildet in diversen esoterischen und geistigen Disziplinen –, der mit Herz und Verstand, jedoch ohne Guru-Attitüde Wissen und Weisheit vermittelt. Ein Lehrer, der trotz seines immensen Wissens und seiner großen Erfahrung bescheiden bleibt, auf Status, Geld und Bekanntheit verzichtet. Das Thema Bewusstseinserweiterung erfährt eine neue Dimension und das Drogenexperiment hat sich damit erledigt. Sein Lehrer unterweist ihn in östlichen Kampftechniken wie Tai Chi, durch die er sowohl seine Leidenschaft und Wildheit ausleben als auch Achtsamkeit und Empathie schulen kann. Er erfährt das Wesen der Meditation und Innenschau, bei denen zehn Tage jeweils zehn Stunden lang geschwiegen wird. Sein turbulentes Leben führt er dennoch weiter, jobbt hier und da, betreibt seine lukrativen Geschäfte, arbeitet in Bars.

Ein Unfall zwingt ihn für drei Monate zur Ruhe. Während dieser Zeit überdenkt er sein Leben. Mit seinen 23 Jahren ist er finanziell unabhängig und schöpft aus dem Vollen: Autos, Frauen, Partys. Ein Leben im Rausch und in der Fülle. Und doch mangelt es ihm profund an einem – am tieferen Sinn seines vielfältigen Treibens und Handelns. Ans Krankenbett gefesselt, kann er sich nicht wie gewohnt durch Aktivitäten zerstreuen. Er spürt, dass die spirituellen Praktiken, die ihm sein Lehrer vermittelt hat, etwas anrühren, das sich nicht mehr verdrängen lässt.

Als Takis wieder auf beiden Beinen ist, packt er seinen Rucksack und reist nach Asien. In Thailand, Kambodscha und Sri Lanka begeistert er sich für die jeweilige nationale Küche und deren raffinierte Gewürzmischungen, lernt kochen und landet schlussendlich im Norden Thailands. Hier in den Bergen erlernt er die Prinzipien der atem- und körperfokussierten Achtsamkeitspraxis, die er auf psychischer und physischer Ebene als reinigend erlebt. Besonders in den langen Phasen der Tiefenentspannung wird er mit Erinnerungen aus der Vergangenheit konfrontiert und kann Altes und Verdrängtes verarbeiten. Ein Heilungsprozess kommt in Gang. Er fastet in dieser Phase und konvertiert zum Vegetarismus, da die ethischen Prinzipien der Yogaphilosophie sein Bewusstsein verändern.

Während des Rückzugs vertieft er sich in die Kampfkunst des chinesischen »Schattenboxens« Tai Chi. Dabei werden verschiedene Basis- und Atemübungen

sowie Standmeditationen praktiziert. Im Zusammenspiel mit einem Partner wird ein imaginärer, genau
choreografierter Kampf ausgefochten. Wesentlich ist
dabei das sprichwörtlich gute Bauchgefühl »Hara« –
das Kraftzentrum, das für Standfestigkeit sorgt. Es geht
nicht darum, den Körper nach westlichem Effizienz-
denken wie ein Objekt zu behandeln – ausdauernder,
leistungsfähiger, belastbarer, fitter zu machen. Bei dieser Technik ist vielmehr das Gefühl der Erdung rele-
vant, das entsteht, indem der Übende aus den Gedanken in den Körper und damit in den Moment kommt.
Das Zusammenspiel aus Achtsamkeit, Tiefenatmung
und einer bewussten Bewegung aus der Mitte heraus
transformiert die körperliche und mentale »Verhär-
tung« bzw. innere »Verrohung«. Physische Fehlhaltungen sowie mentale Abspaltungen können erkannt,
die Schwierigkeit, tief in den Bauch zu atmen, dadurch
intensiv zu empfinden und loszulassen, überwunden
werden.
Takis kommt in der eigenen Mitte an und steigt endgültig aus seinem alten Leben aus. Acht Jahre reist er
durch den Fernen Osten und bildet sich in alternativen
Heilmethoden, diversen Körpertechniken, spirituellen
Praktiken und dem Erlernen schamanischer Rituale
fort. Er lernt bei zahlreichen renommierten Lehrern,
die richtungsweisend für seinen Weg sind, praktiziert
einen Monat in völligem Rückzug und Schweigen
Vipassana – eine »Einsichtsmeditation« – im thailändi-
schen Dschungel, absolviert eine Yogalehrerausbildung
in der Tradition von Swami Sivananda, folgt dem Weg
des Dao, tanzt den Tanz der Sufis. In jener Zeit erhält er
von seinem Yogalehrer den spirituellen Namen »Krish-

na«, der ein Synonym für bedingungslose Liebe ist – aus Takis wird Krishnataki.

In Asien findet er schließlich zu seiner Berufung – der Thai-Massage. Er trifft auf einen weiteren wichtigen Lehrer, der ihn in der asiatischen Massagetechnik und Heilkunst unterweist. Er übersetzt diese Form der Körpertherapie in den »Sacred Dance«, eine Art passives Yoga kombiniert mit Body Work in der Tradition des Sunshine-Netzwerks. Der Therapeut berührt dabei den Körper seines Klienten so, dass er bis in die tieferen Schichten hinein entspannen, loslassen und sich vollkommen dem fließenden Bewegungsrhythmus der Massage hingeben kann: ein heiliger, da heilender »Tanz«. Diese Form der Thai-Massage ist eine Therapie, die nicht nur für den Empfangenden, sondern auch für den Gebenden heilsam ist. Dabei steht weniger der physische Körper im Vordergrund als vielmehr die Heilung auf emotionaler Ebene mittels achtsamer Berührung sowie durch die Erweckung der Herzqualitäten, die in der buddhistischen Lehre eine essenzielle Bedeutung haben. Krishnataki will vermitteln, dass die Thai-Massage in gewisser Weise tiefer als eine herkömmliche Massage berührt, die sich eher auf die Physiognomie, Anatomie oder Meridiane konzentriert. Diese achtsame Form der Berührung dient im weiteren Sinne dazu, das Herz zu öffnen, Mitgefühl und liebevolle Güte – zunächst für sich selbst und später für andere – zu kultivieren. So entwickeln sich allmählich echtes Mitgefühl und ein authentischer Gemeinschaftssinn, der die Not anderer zu lindern sowie Freude zu bescheren vermag und darüber hinaus den Neid und die Missgunst überwindet. Sowohl beim Yoga als auch beim Tai Chi geht es vorrangig um den gegenwärtigen Moment im urteilsfreien Bewusstseinszustand – ohne Reaktion, ohne Abneigung, ohne Anhaftung. In diese Form der Thai-Massage fließen die Prinzipien der Achtsamkeitspraxis und Körpertherapie aus dem Yoga, der traditionellen Thai-Massage sowie der buddhistischen Lehre und hinduistischen Philosophie mit ein.

Gegen Ende seines Asienaufenthalts verbringt Krishnataki vier Monate in einem japanischen Kloster, um dort die Lehre des Zen-Buddhismus kennenzulernen. Später lebt er mit japanischen Schamanen in einer Gemeinschaft, die in zeremoniell durchgeführten Ritualen bewusstseinsverändernde pflanzliche Heil- und Rauschmittel konsumiert – ein weiteres Werkzeug der Befreiung auf seiner Reise ins Reich der inneren Mitte. Hier lernt er eine Community kennen, die von den harten Ellenbogen der europäischen Gesellschaft befreit ist, und erlebt eine Kultur des Teilens, gegenseitiger Wertschätzung, vorbehaltloser Offenheit, ehrlichen Respekts sowie authentischer Freundlichkeit. Er fühlt sich angenommen und ist angekommen. Zwei weitere Monate verbringt er in einem Zen-Kloster, bis sein Pass schließlich abläuft und etwa zum gleichen Zeitpunkt eine Tante, mit der er sich sehr verbunden fühlt, an Krebs erkrankt.

Diese Ereignisse justieren seinen Kompass in Richtung Westen. Er tritt die Rückreise nach Griechenland an. Harte Bauchlandung in einer Heimat, in der er sich kaum noch heimisch fühlt. Da er unterwegs sein Adressbuch verloren hat, sind die Kontakte zu vielen alten Freunden abgebrochen. Obwohl er gerne in Japan geblieben wäre, spürt er deutlich, dass Griechenland sein

Bestimmungs- und Wirkungsort ist. Er orientiert sich neu, studiert in Athen vier Jahre lang die Lehre der Traditionellen Chinesischen Medizin. In dieser Lebensphase beschließt er mit seiner Freundin, eine Familie zu gründen. Sie bekommen zwei Kinder und entscheiden sich dafür, ihren Lebensmittelpunkt nun auf eine griechische Insel in der Nähe des Festlands zu verlegen. Die Grundfesten des »Sunshine House« entstehen hier, um die Prinzipien der Thai-Massage in der Tradition des Sunshine-Netzwerks weiterzugeben.

Alles, was Krishnataki bisher gelebt und gelernt hat, findet an diesem Ort in Form von Workshops, Ausbildungen und Retreats seine Umsetzung und Realisierung. Mit Freunden, die er als Brüder und Schwestern bezeichnet, lebt er gemeinschaftlich in Beziehungen, die frei von Hierarchien, einengenden Strukturen und Begrenzungen sind. Hier gilt einzig das gleiche Recht für alle unter den friedenstiftenden Zeichen der buddhistischen Weisheitslehre. Das Sunshine House ist mehr als ein Ausbildungszentrum. Es ist ein Ort in der Mitte der Welt, der für eine sprichwörtliche Rekultivierung der Gesellschaft steht. Hier soll kein Dogma herrschen, die Gedanken sind frei und die Essenz des Buddhismus dominiert. Der ehemalige Pokerspieler setzt alles auf die Herzkarte – und gewinnt. Aus sämtlichen Ländern der Erde strömen zumeist junge Menschen herbei, um echten Gemeinschaftsgeist zu erleben, eine neue Form des Zusammenlebens mitzugestalten und sich in einem empathischen Umfeld im Bereich Body Work ganzheitlich weiterzubilden.

Krishnataki gibt heute rund um den Globus sowie in seinem Flaggschiff, dem Sunshine House, weiter, was ihn die Schule des Lebens gelehrt hat. Er ist fest davon überzeugt, dass zunächst der Therapeut heil und integer sein muss, um einfühlsam, offen und urteilsfrei praktizieren zu können. Auf dieser Basis ist die Heilkraft der Thai-Massage wirkungsvoll für beide Seiten. Geben und Nehmen werden eins. Die Dualität lässt sich überwinden, wenn der Geist besänftigt und das Herz empfindsam wird. Neben der Praxis vermittelt er auch die Vorzüge einer biologisch-dynamischen und gesunden Ernährung – inspiriert durch Ayurveda, TCM und die ethischen Prinzipien des Yoga –, um Körper, Geist und Seele zu nähren. Der einstige Revoluzzer, der sich früh gegen sämtliche Beschränkungen des Schul-, Familien- und Gesellschaftssystems auflehnte und alle Regeln sabotierte, hat durch Selbsterfahrung zu einem völlig neuen Ansatz für die Vermittlung von Lehre und Gemeinschaft gefunden. Ohne Guru-Kult, frei von Konditionierungen und starren Strukturen, in Stein gemeißelten Gesetzen und festgelegten Hierarchien. Stattdessen initiiert er ein Miteinander auf Augenhöhe in Herzfrequenz: Jeder bringt ein, was er geben kann, und nimmt, was er braucht. Selbsterfahrung ist der Schlüssel zu sich und das Tor zu den anderen, das in freiheitlich geführte Beziehungen mündet. Ein Kloster ohne Mauern, ein Garten ohne Zaun, eine Gemeinschaft ohne Dogma: Das Sunshine House ist offen für alle, die bereit sind, sich auf neue Beziehungsformen einzulassen und ganzheitliche Heilarbeit lehren und lernen möchten.

Die Wiege der Demokratie befindet sich im antiken Griechenland. Hier entwickelte sich das Konzept der »Herrschaft des Volkes«, das sich heutzutage zu einem

Beamtenapparat verselbstständigt hat, der Menschen eher verwaltet als ihnen wirklich dient. Das Konzept freigeistiger Revolutionäre – Gleichheit! Freiheit! Brüderlichkeit! – feiert nun dort im milderen Licht der buddhistischen Lehre sein Comeback. Autarkie statt Anarchie. Eine verbindliche Zusage für ein selbstbestimmtes und bewusstes Leben in Freiheit, das sich aus einer lebendigen Quelle speist. Um Krishnataki sammelt sich ein Kollektiv selbsterfahrener Individualisten, das auf Einheit statt Trennung setzt: Aus der kraftvollen Mitte entspringt der Fluss des Lebens. Viel verdankt Krishnataki den lebenden Meistern, denen er begegnen durfte und mit deren Weisheit er gesegnet wurde. Tiefe Demut empfindet er vor Ammas Leben voller Hingabe und Mitgefühl, vor Thich Nhat Hanhs Lehren der Achtsamkeit und des Friedens sowie Moojis Wissen um Advaita. Sie waren und sind eine wichtige Inspiration auf seinem Weg.

# YOGI'S CHOICE I:
## ÜBUNGEN

Im dem bekannten Song »Männer« wird treffend beschrieben, dass Männer zwar Muskeln haben, furchtbar stark sind und alles können, aber eben auch Herzinfarkte kriegen, einsame Streiter sind und durch jede Wand müssen. Wir haben die Wahl – entweder ein Leben am Limit im gestreckten Galopp zu führen, das atemlos, ruhelos und am Ende vermutlich beziehungslos ist, oder aber ganz bewusst Veränderungen zu bewirken, die das Tempo drosseln und uns in den Kontakt mit uns selbst und anderen (zurück)bringen. Yoga wird als »Werkzeug der Befreiung« bezeichnet ... allerdings funktioniert dieses nur mit der nötigen Achtsamkeit für den transformativen Prozess. Ansonsten geraten Yoga und Co. schlichtweg zum Work-out, das zwar ganz gut »runterbringt«, aber eben nicht tiefer »operiert«. Wer die Wahl hat, hat die Qual: Meine neun Partner mussten allerdings nicht lange überlegen, als ich sie aufgefordert habe, ihre favorisierte Übung vorzustellen, die sich als alltags- und entspannungstauglich erwiesen hat. Und meine präferierte Übungsmethode habe ich quasi ganz locker aus dem Ärmel »dazugeschüttelt«.

# ENERGETISIERUNG
## Patrick Broome: Aktives Schütteln

Die »Schüttel-Technik« ist eine der ältesten Therapie-
formen schlechthin. Anthropologische Studien belegen,
dass Schütteln in vielen Kulturen als Heilmittel rund
um den Globus angewandt wird. Schütteln (auch Bio-
Energie-Meditation oder Kundalini-Meditation nach
Osho) kann eine zutiefst spirituelle Praxis sein, die hilft,
die eigene Kraft zu wecken und Körper und Geist zu
heilen. Es gibt dabei nichts zu tun, als zu schütteln und
damit physische und emotionale Spannungen aufzulösen. Tief sitzende energetische Blockaden lösen sich
und die derart gebundene Energie kann sich z. B. in
Form von Lachen, Weinen, Husten oder ekstatischen,
unkontrollierten Bewegungen entladen. Eine unserer
größten Ängste besteht darin, die Kontrolle zu verlieren: über die Lebensumstände, die Gefühle und besonders über den Körper. Doch um den Zustand tiefer und
wahrhaftiger Heilung zu erfahren, ist es häufig notwendig, Kontrolle abzugeben.
Spirituelle Meister und Heiler auf der ganzen Welt lehren, dass Heilung immer von selbst geschieht und selten
durch den Verstand bewirkt wird. Wenn wir zulassen,
uns wieder mit der Energie zu verbinden, dann kann
Transformation geschehen und tiefe innere Blockaden
können gelöst werden. Diese Erfahrung kann enorm befreiend wirken. Das Gedankenkarussell im Kopf kommt
zur Ruhe und erlaubt uns, intensiver zu fühlen und
weniger zu denken. Physiologisch betrachtet kommt es
beim Schütteln zunächst zu einer erhöhten Durch-
blutung und Herzfrequenz, dann zu einem Abfall des

Blutdrucks mit niedrigerer Herzfrequenz, Muskelentspannung, einer Verstärkung der Alpha- und Theta-Gehirnwellen sowie einer gesteigerten Aufmerksamkeit und Wahrnehmungsfähigkeit. Tatsächlich beginnt das gesamte Energiefeld zu vibrieren.

## Übung/Durchführung:

▶ Phase I: Schütteln (15 Minuten) – frei im Raum stehend, Füße fest am Boden und den ganzen Körper schütteln.

▶ Phase II: Tanzen (15 Minuten) – freie und unkontrollierte Bewegungen im Raum zu Musik.

▶ Phase III: Meditation (15 Minuten) – sitzend auf einem Meditationskissen.

▶ Phase IV: Stille (15 Minuten) – liegend.

Exkurs: KUNDALINI

Der Begriff »Kundalini« stammt aus dem Sanskrit und bedeutet »Ring«, »Spirale« oder »Schlange«. Schon früheste archäologische Funde belegen die Verwendung einer Schlangensymbolik zur Darstellung göttlicher Urkraft sowie geistiger und körperlicher Heilung. Häufig finden wir eine Schlange, die sich selbst in den Schwanz beißt, als Zeichen für die mystische Kehrtwendung. Die Schlange hat sich sich selbst zugewandt, das Bewusstsein fällt auf sich selbst zurück. Der Kreis schließt sich im Urzustand der Einheit. Die Kundalini steht symbolisch für das gesamte individuelle Energiepotenzial des Menschen und für die schöpferische Urkraft des Universums. Das Ziel jeder Yogapraxis ist es, die am unteren Ende der Wirbelsäule ruhende kosmische Energie zu erwecken und über die Energiezentren entlang nach oben aufsteigen zu lassen, dabei eine Reihe von Energiezentren zu öffnen und so das gesamte Potenzial an Lebenskraft bereitzustellen.

*»Es gibt Tage, da hilft mir nur noch das Schütteln. Ich weiß natürlich genau, dass sich Probleme und eingefahrene Verhaltensmuster nicht so einfach wegatmen oder eben abschütteln lassen. Aber der Körper kann auf diese Weise die oftmals damit einhergehenden Verspannungen, Verkrampfungen und das chronische Festhalten in den Muskeln und tieferen Gewebeschichten loslassen. Und dies wirkt sich wiederum unmittelbar befreiend auf meinen aktuellen mentalen Zustand aus. Ich schüttle mir quasi den Stress und die Anspannung vom Leib, damit wird mein Kopf ganz schnell wieder frei – und das Herz meist auch.« (Patrick Broome)*

# STANDHALTUNG
## Oliver Bierhoff: Krieger II

Ein Krieger steht mit beiden Beinen fest verwurzelt auf der Erde und im Leben: Die solide und sichere Erdung der Füße bildet die Basis für ein trag- und beziehungsfähiges Fundament. Ob wir in Gleichmut im Gleichgewicht sind – und damit im Gleichklang mit unserem Leben –, zeigt oftmals die Praxis von Standhaltungen, denen die Kriegerhaltungen angehören. Sind wir nicht in der Balance, befinden sich unsere Beziehungen zur Umwelt und zu den Mitmenschen in Schieflage, und so entfernen wir uns aus der Mitte und dem Fokus der Zentriertheit. Im Spiegel der eigenen Praxis erkennen wir, ob das, was wir uns aufgebaut haben, wirklich trägt. Die perfekte Balance ist ein unhaltbarer Mythos. Gerade indem wir die Gegensätze des menschlichen Daseins akzeptieren, können wir sie überwinden und uns selbst ins Lot bringen. Die Auflösung dieses starren Lebenskonzepts – die Kapitulation vor dem ständigen Kontrollanspruch – ist die Erlösung vom Ideal des realitätsfernen und energieraubenden Perfektionismus. Der Weg in die innere Ausgeglichenheit und Freiheit führt über einen schmalen Grat jenseits des wertenden Geistes und mündet in die eigene heilsame Kraft, die unser Potenzial entfaltet und die Energien fließen lässt.

## Übung/Durchführung:

▶ Aufrecht in breiter Grätsche stehen. Der rechte Fuß ist um 90 Grad nach außen gedreht, der linke Fuß um etwa 30 Grad nach innen. Das rechte Bein wird in einem 90-Grad-Winkel gebeugt, das linke Bein gestreckt.

❫ Arme in Schulterhöhe anheben und zu beiden Seiten bis in die Fingerspitzen strecken.

❫ Kopf nach rechts drehen, Blick zur rechten Hand, der Oberkörper zeigt nach vorne.

❫ Die Hüften sind parallel zueinander, das vordere Knie in einer Linie mit der Mitte des vorderen Fußes. Innere Ferse in den Boden drücken, hinteren Innenknöchel anheben und die Innenseite des hinteren Beins nach außen drehen.

❫ Steiß- und Kreuzbein nach oben und innen ziehen.

❫ Die Wirbelsäule und die Körperseiten strecken.

❫ Die Arme waagrecht halten und in einer Linie und bis in die Fingerspitzen kraftvoll ausstrecken.

❫ Das Zentrum des Oberkörpers ist aufgerichtet und der Brustkorb angehoben.

 Exkurs: SPIRALDYNAMIK

Die Kriegerhaltungen kräftigen und stärken besonders die Fuß- und Kniegelenke sowie die Muskeln der Beine. Beim Krieger II wird zusätzlich die Beweglichkeit und Kräftigung von Hüften, Rücken, Schultern und Nacken gefördert. Die Energie fließt spiralförmig durch die Beine und führt dazu, dass sich die Innenseite der Oberschenkel nach hinten dreht, die Sitzknochen sich auseinanderbewegen und dadurch viel Raum in der Leistengegend entsteht. Ebenso werden die Innenseiten der Knöchel angehoben und bewegen sich leicht auseinander. Wenn der Übende mit dieser Spiraldynamik vertrauter ist und sie bewusst einsetzen kann, bewegt er die

Knöchel nur noch isometrisch auseinander – es erfolgt eher eine energetische, also keine wirklich körperliche Bewegung.

»In der Kriegerhaltung erfahre ich Standfestigkeit, Stabilität, Dehnung und Weite zugleich. Die Herausforderung besteht darin, das Gefühl der Expansion mit der erforderlichen Bodenhaftung zu kombinieren. Ruhig und gelassen zu bleiben, obwohl im übertragenen Sinne der auf den Bogen gespannte Pfeil am Maximum ist, sich dadurch ein spürbares Energiepotenzial aufbaut. Das Ziel ist es, diese Energie nicht im Affekt »abzuschießen« oder durch sonstigen Aktionismus zu verschleudern, sondern sie zu konzentrieren und ganz bewusst zu halten.« (Oliver Bierhoff)

# RÜCKBEUGE
## Dieter Gurkasch: Der Dritte Tibeter

Die Praxis der »Fünf Tibeter« dauert insgesamt etwa 15 Minuten, wenn alle fünf Übungen, wie empfohlen, jeweils 21-mal durchgeführt werden. Dabei beginnt man mit drei bis sechs Wiederholungen und steigert sich (zunächst) jede Woche um drei Wiederholungen, bis man, die Steigerung verlangsamend, bei 21 Wiederholungen angekommen ist. Den einzelnen Übungen werden bestimmte körperliche und seelische Wirkungen zugeschrieben. Sie helfen Muskeln aufzubauen, das Drüsensystem zu stimulieren, den Rücken zu kräftigen und die Flexibilität zu erhalten. Dadurch wird ihnen ein verjüngender Effekt zugesprochen. Die Übungen sollten nach Möglichkeit immer auf nüchternen Magen am besten vor dem Frühstück und vor dem Abendessen praktiziert werden.

Mit der Ausübung des »Dritten Tibeters« wird die Energie in der Herzgegend gesteigert und gleichzeitig wird das Halszentrum aktiviert. Das Immunsystem kann auf diese Weise gestärkt werden, indem die Thymusdrüse angeregt wird, mehr weiße Blutkörperchen zu bilden.

## Übung/Durchführung:

▶ Beckenbreit auf dem Boden knien, Zehen aufgestellt. Oberkörper gerade, Wirbelsäule gestreckt.

▶ Die Hände liegen am Gesäß, die Hüfte nicht nach vorne schieben.

- Mit der Einatmung den Beckenboden anspannen und Schultern nach hinten kreisen und sich dabei so weit im Brustbereich (von der Taille aus) zurücklehnen, wie es ohne große Anstrengung möglich ist. (Dabei die Hände auf den Oberschenkeln abstützen.)

- Kopf leicht (so weit, wie es möglich ist) in den Nacken legen und eventuell den Mund öffnen.

- Den Brustraum weit werden lassen, die Kehle ist geöffnet.

- Während der Ausatmung langsam in die Ausgangsstellung zurückkehren. Kinn in die Halsgrube absenken, Beckenboden entspannen.

- Als Ausgleich die Kindeshaltung: Zehen ablegen, mit dem Gesäß auf den Fersen sitzen, mit der Stirn den Boden berühren und beide Arme seitlich nach hinten ausstrecken, Handflächen nach oben. Variante: Die Stirn auf die übereinandergelegten Fäuste stützen.

Exkurs: DIE FÜNF TIBETER

Die Praxis der »Fünf Tibeter« wurde erstmals in den 30er-Jahren des letzten Jahrhunderts in einem Buch näher beschrieben, das dem amerikanischen Weltenbummler Peter Kelder zugeschrieben wird. Dem Mythos zufolge werden die Übungen seit Jahrhunderten von Mönchen in Tibet erfolgreich praktiziert. Die energetisierenden Übungen wurden in den 90er-Jahren schließlich durch weitere Publikationen weltweit bekannt. Tatsächlich handelt es sich dabei um tantrische Yogaübungen, die harmonisierend – sowohl anregend als auch beruhigend – auf den Energiehaushalt des Körpers einwirken: einfache, leicht zu praktizierende Übungen, die nicht vorrangig der Kräftigung des Körpers, sondern vielmehr der Optimierung des Energieflusses dienen, der eine immense transformative Kraft besitzt. Daraus resultieren körperliche und geistige Stärke. Die volle Wirksamkeit entwickelt sich aus der festgelegten Abfolge der fünf Übungen, die den Energiefluss gezielt kanalisieren und durch die Energiebahnen und -zentren leiten.

»Den ›Dritten Tibeter‹ betrachte ich als Herzöffnungsübung, die mir Weite und ein Gefühl von innerer Freiheit schenkt. Die Haltung bildet quasi das Herzstück der Übungsserie, wirkt in der Kombination mit den anderen ›Vier Tibetern‹ stark energetisierend und damit regenerierend. Der Kniestand kann als Haltung der Demut betrachtet werden. Mich in dieser Position in die tiefe Rückbeuge und Herzraumexpansion zu begeben, bedeutet, mich weit zu öffnen und schutzlos preiszugeben ... mich dem Leben bedingungslos anzuvertrauen und völlig hinzugeben.« (Dieter Gurkasch)

# MANTRA
## Carsten Ehrhardt: Maha-Mantra

Der Begriff »Mantra« entstammt dem Sanskrit, einer altindischen Gelehrtensprache, in der die heiligen Schriften des Hinduismus verfasst wurden: Die Silbe »man« steht für »Geist«, »tra« bedeutet im übertragenen Sinne »befreien«. Ein Mantra hilft dementsprechend, den Fluss der Gedanken zu nutzen und diesen mittels spiritueller Klangschwingung neu auszurichten. Genauso wie man in einem Telefonat die Aufmerksamkeit auf eine bestimmte Person richtet, mit der man in Kontakt tritt, kann so die Verbindung mit einer göttlichen Form, die in dieser Klangschwingung anwesend ist, hergestellt werden. Das Maha-Mantra, auch Hare-Krishna-Mantra genannt, wird als ein besonders kraftvolles Mantra beschrieben und seit Tausenden von Jahren rezitiert. Es besteht aus nur drei Wörtern, die in unterschiedlicher Kombination zusammengesetzt sind:

*Hare Krishna, Hare Krishna, Krishna Krishna, Hare Hare*
*Hare Rama, Hare Rama, Rama Rama, Hare Hare*

Am besten morgens nach dem Aufstehen still rezitiert, verbindet dieses Mantra mit dem Herzen und wirkt zugleich beruhigend und klärend auf den Verstand. Auch die jüdisch-christlichen Psalmen, der katholische Rosenkranz, die islamischen Gebete sowie buddhistischen Meditationstechniken sind bekannte Methoden zur Klärung des Bewusstseins. Man braucht lediglich eine Mala, eine Gebetskette, die dem Rosenkranz der christlichen Tradition ähnelt und aus 108 Perlen besteht.

## Übung/Durchführung:

▶ Die erste Perle nach der einzigen größeren Perle zwischen Daumen und Mittelfinger der rechten Hand nehmen und das vollständige Maha-Mantra sprechen (s. o.).

▶ Anschließend das Mantra 108-mal – Perle für Perle – wiederholen. Wenn die größte Perle wieder erreicht wird, ist eine Runde abgeschlossen.

▶ Um die nächste Runde zu beginnen, wechselt man auf der Kette die Richtung.

▶ Wichtig dabei ist, jedes einzelne Mantra vollständig und deutlich auszusprechen, sodass die jeweiligen Klangschwingungen bewusst wahrgenommen werden.

▶ Während der Rezitation mag der Geist immer mal wieder abschweifen. Die Übung besteht darin, ihn dann wieder bewusst zurück zum Mantra zu führen.

▶ Mit der Zeit kann die Praxis auf eine Stunde oder mehr erweitert werden. Man fühlt sich stärker mit sich selbst verbunden und den Qualitäten, die das eigene Wesen ausmachen. Außerdem fördert die Meditation die Konzentration und lenkt den Fokus auf das Essenzielle.

Exkurs: ERLEUCHTUNG/
GOTTESERKENNTNIS
Hier geht es nicht darum, einen bestimmten Ausnahmezustand zu erreichen, sondern aktiv am Leben teilzunehmen und dabei die Herausforderungen anzunehmen, die sich jedem von uns stellen. Ziel ist, immer mehr zu den Qualitäten unseres Selbst, also zum ureigens-

ten Potenzial, vorzudringen und auch zu verstehen, dass jeder Einzelne ein Ausdruck des Wunders des Lebens ist und dass die Quelle dieses Wunders nicht getrennt von ihrer Wirkung sein kann. Das ist ganz einfache Logik, reine Mathematik. Kein Glaube ist dafür notwendig. »Erleuchtung« hat vielmehr damit zu tun, ein Leben entsprechend seiner Neigungen und Talente zu führen, unabhängig seine Überzeugungen und Werte zu entwickeln und mit Tatkraft für seine Ideale und Ziele einzutreten: sich mit allem, was potenziell zur Verfügung steht, einzubringen und zu dem zu stehen, der man (geworden) ist.

»*Die Rezitation des Maha-Mantra gehört zu meiner täglichen Praxis, die meinem Tag und meinem Leben Struktur und einen tieferen Sinn verleiht. Meine Mantra-Praxis besteht darin, 16 dieser Mala-Runden zu chanten und zu hören. Diese Art der Meditation bringt meinen Geist zur Ruhe und richtet ihn auf das Wesentliche aus – fernab von den oftmals komplexen und sich ständig wiederholenden Gedankenschleifen des Egos.*« (Carsten Ehrhardt)*

## KONZENTRATION
### Bobby Dekeyser: Stand Up Paddling

Stand Up Paddling (SUP), auch als Stehpaddeln bekannt, ist eine Wassersportart, die aufrecht stehend auf einer Art Surfbrett mithilfe eines Stechpaddels anfangs auf ruhigen Gewässern und später auch auf dem Meer durchgeführt werden kann. Die Bewegungen sind leicht erlernbar, trainieren den ganzen Körper und können altersunabhängig ausgeführt werden. Beim ersten Versuch fühlt man sich oft so, als versuche man, auf einem im Wasser treibenden Baumstamm zu balancieren. Wir verlassen den für unser Sicherheitsgefühl so wichtigen stabilen Boden. Häufig (über)reagiert der Körper, als sei er einer extremen Gefahr ausgesetzt. Er verkrampft und man beginnt, viel zu flach und hektisch zu atmen. Dies versetzt das gesamte Körper-Geist-System in höchste Alarmbereitschaft: Man drückt die Knie durch, zieht die Schultern hoch und hält die Luft an. Es wird unmöglich zu balancieren.

Sobald man jedoch beginnt, körperlich zu entspannen und den Schwerpunkt tiefer auf das Brett sinken zu lassen, kann sich die Anspannung in Konzentration verwandeln. Der Atem wird vertieft und die Sinne werden fokussiert. Diese tiefe Atmung macht sofort wacher. Mit der Zeit synchronisieren sich der Atem und die Bewegungen des Paddels. Die Beine werden durchlässiger, die Füße weicher und dadurch sensibler und aufnahmebereiter. Die Bewegungen selbst gewinnen an Harmonie und Weite. Der Stand wird stabiler, die Bewegungen harmonischer und ausholender – Körper und Geist entspannen sich. Der gesamte Organismus wird in einen harmonischen und ausbalancierten Zustand zurückgeführt: offen für die Schönheit der Natur und ihren freien Fluss sowie Teil des großen Ganzen.

## Übung/Durchführung:

- Auf dem Board stehend, tief und federnd in die Knie gehen. Die gebeugten Beine ermöglichen eine Verankerung in der Körpermitte.
- Den Blick auf den Horizont ausrichten und achtsam zentrieren.
- Ist diese Grundhaltung beständig, wird der Stand sofort weicher und entspannter.
- Paddel zu beiden Seiten gleichmäßig tief eintauchen und die Bewegungen möglichst ruhig und geschmeidig ausführen.
- Atem und Bewegung synchronisieren.

### Exkurs: BALANCE

Beim Balancieren finden Konzentration und Entspannung zueinander. Konzentration beschreibt das Vermögen, sich ausschließlich und unabgelenkt auf eine Sache bzw. Bewegung zu fokussieren. Entspannung ist das bewusste Loslassen überflüssiger körperlicher und mentaler Anspannung und Verkrampfung. Balanceübungen wie SUP ermöglichen, Verspannungen zu lösen, sich gezielt zu sammeln und zu konzentrieren. Dabei ist der Atem von essenzieller Bedeutung und hilft – tief, frei und kraftvoll –, das Bewusstsein beständig zur Bewegung des Paddels und damit auf den Augenblick zu lenken. Die Gedanken kommen zur Ruhe und der Übende taucht sprichwörtlich völlig in den Moment ein.

»In dem Moment, in dem mein Board auf dem glatten Meeresspiegel Richtung Horizont dahingleitet, verliert der hochgetaktete Alltag mit seinem Termindruck und vielen Verpflichtungen an Bedeutung. Jeglicher Stress fällt von mir ab, sobald ich mich völlig auf den Balanceakt und die Paddelbewegung fokussiere. So kommt das Gedankenkarussell zur Ruhe – und mein Körper entspannt sich. Der Geschäftsmann taucht ab und der Spieler taucht (wieder) auf ... ich überlasse mich dem Gleiten und gebe mich dem Element des Wassers hin. Eine wunderbare Erfahrung ist das nächtliche Paddeln, weil ich dann noch stärker auf meine Intuition vertrauen muss und dabei lerne, mich intensiver auf die Natur einzulassen.« (Bobby Dekeyser)

# STANDHALTUNG
## Volker Mehl: Berghaltung

Die Berghaltung ist das Fundament der Yogapraxis: Wir lernen, fest auf unseren eigenen Füßen zu stehen. Die Ausrichtung, die in Tadasana angestrebt wird, spiegelt sich in jeder anderen Haltung der Praxis wider. Die intelligente Ausrichtung der Gliedmaßen ist die Basis für alle anderen Körperhaltungen. Ohne ein solides Fundament ist alles, was darauf aufbaut, instabil. Allen stehenden Haltungen liegt das gleiche energetische Muster zugrunde: Die Energie steigt an der Vorderseite des Körpers auf und fließt an der Rückseite wieder nach unten. Der Energiefluss und die anatomische Ausrichtung bedingen sich wechselseitig. Nur durch die bewusste Verwurzelung im Boden kann die aufsteigende Kraft empfangen werden und durch den ganzen Körper nach oben fließen, um ihn aufzurichten. Die Berghaltung verbessert die allgemeine Körperhaltung, da durch aufmerksame Selbstbeobachtung Fehlhaltungen und Ungleichgewichte im Körper erkannt und ausgeglichen werden können.

## Übung/Durchführung:

▶ Aufrecht stehen. Die Füße sind geschlossen, die Innenseiten der Fersen und die Großzehenballen berühren sich leicht.

▶ Die Zehen spreizen und das Körpergewicht gleichmäßig auf beide Füße verteilen. Dabei sollten folgende drei Auflagepunkte an jedem Fuß bewusst gespürt werden: Großzehenballen, Kleinzehenballen und Ferse.

- Die Beine sind durchgesteckt, die Kniescheiben nach oben gezogen.
- Die Wirbelsäule über den Hinterkopf nach oben ziehen.
- Das Steißbein einrollen und nach unten ziehen.
- Die Schultern leicht nach hinten absenken.
- Die Arme am Körper entlang nach unten hängen lassen.
- Die Hände etwas nach vorne drehen.
- Das Gesicht entspannen.
- Den Atem ruhig und tief fließen lassen.
- Der Blick ist wach und aufmerksam nach vorne gerichtet.
- »Steh stabil, steh stark, kämpfe nicht!«

### Exkurs: AUS- UND AUFRICHTUNG

Stehende Haltungen sind das Fundament der Yogapraxis. Eine gute Erdung ermöglicht es, auf beiden – eigenen – Beinen zu stehen. Standhaltungen kräftigen den Körper und verankern den Geist im Jetzt. Der Fokus liegt auf der Ausrichtung, auf sprichwörtlicher Aufrichtigkeit, und dies nicht nur im körperlichen Sinne. Durch das ausbalancierte Zusammenspiel von Muskeln, Knochen, Atmung und Konzentration werden der Stand und die Haltung erst stabil und damit entspannt: Dies ist der Zustand des Yoga, der immer auf die Einheit zielt. Ein Berg gründet auf der Erde und seine Spitze reicht bis in den Himmel. Mittels Visionen und Willenskraft lassen sich Berge versetzen – durch Stärke, Stabilität und Standhaftigkeit. Himmel und Erde, Geist und Materie treffen aufeinander und kommen in Balance. Vom Gipfel eines Berges, dessen Fundament unerschütterlich ist, lassen sich die Dinge in Ruhe überblicken und neu einschätzen.

*»Ich bin bedingt durch meinen Beruf viel unterwegs und ständig von Menschen umgeben, muss unablässig Entscheidungen fällen, die oftmals mein ganzes Team betreffen. Eine gute Verwurzelung gibt mir Stabilität und Bodenhaftung. Dies kann mit einer kleinen Bewusstseinsübung im Moment geschehen: einfach an Ort und Stelle die Augen schließen und auf den Stand konzentrieren. Ich erde mich ganz bewusst – auch wenn die Welt manchmal um mich herum haltlos ist und aus den Fugen gerät, finde ich so schnell zu meiner Mitte. Das gibt mir Konzentration, Kraft und die nötige Ruhe.«*
*(Volker Mehl)*

# UMKEHRHALTUNG
## Jochen Schweizer: Kopfstand

Die Umkehrhaltungen zählen zu den wirkungsvollsten aller Körperhaltungen des Yoga, da die positiven Effekte eine sowohl körperliche als auch mentale und spirituelle Wirkung haben. Umkehrhaltungen bewirken, dass der Körper auf allen Ebenen in harmonische Balance gebracht wird. Die Wirkung der Schwerkraft auf den Körper lässt sich von innen und außen durch die Ausführung der Übungen umkehren. So wird quasi eine »Massage« der inneren Organe erzielt, die entgiftend und belebend wirkt. Diese Form der inneren Kräftigung hat einen stärkenden Effekt auf Muskeln, Knochen und Gewebe. Umkehrhaltungen trainieren das Herz und fördern den venösen Rückfluss auf vergleichbar positive Weise wie Ausdauertraining. Die Venen arbeiten per Muskelbewegung entgegen der Schwerkraft und pumpen so das Blut zum Herzen zurück. Die Umkehrhaltungen stimulieren außerdem das lymphatische System. Dadurch wird das Immunsystem angeregt. Die Atmung wird vertieft, die Konzentration steigt. Endokrine Drüsen, z. B. die Hypophyse und die Zirbeldrüse, setzen Hormone frei, die den Zellstoffwechsel fördern und für Gesundheit und Vitalität sorgen.

Bei Bluthochdruck, Herzerkrankungen, Netzhautablösungen oder Ohrenleiden ist vom Kopfstand abzusehen. Bei Hals-Nacken-Verletzungen unbedingt vorab fachkundigen Rat einholen.

## Übung/Durchführung:

> Start in der Kleinkindstellung: auf dem Boden im Fersensitz kniend, die Stirn auf dem Boden, die Arme seitlich, entlang des Körpers, ausgestreckt.

> Die Finger nun vor dem Kopf zu einer festen Faust verschränken. Die Unterarme gegen die Unterlage pressen, den Scheitelpunkt im Dreieck zwischen Faust und Unterarmen aufstellen und den Kopf locker gegen die Hände lehnen.

> Langsam die Knie heben, die Beine ausstrecken und Schritt für Schritt nach vorne in Richtung des Gesichts laufen.

> Ein Bein nach dem anderen gebeugt zum Brustkorb ziehen. Erst wenn Sie hier wirklich stabil stehen, ein Bein nach dem anderen langsam nach oben ausstrecken.

> Mindestens zwölf tiefe Atemzüge lang halten.

> Darauf achten, dass die Rippen in Richtung Bauchnabel gezogen werden, sodass man nicht ins Hohlkreuz sinkt. Besonders, wenn man merkt, dass der Körper etwas müde wird, sollte versucht werden, die Muskeln der Beine noch mehr an die Knochen heranzuziehen und die Beine nach oben in Richtung Decke zu strecken.

> Mit einer Ausatmung langsam und kontrolliert nach unten in die Kleinkindstellung zurückkommen. Den Atem wieder frei fließen lassen.

> In dieser Stellung auf den Punkt zwischen den Augenbrauen, der den Boden berührt, konzentrieren und mindestens fünf Atemzüge hier bleiben.

Exkurs: ÜBERWINDUNG

Der Kopfstand fordert uns dazu heraus, unsere Sichtweisen umzudrehen. Oftmals sind starke Ängste mit der Ausübung dieser Haltung verbunden: Urängste des Menschen, tief verwurzelt im Stammhirn. Sich dieser Angst in einem bewussten Prozess auszusetzen und sie zu kontrollieren, kann sehr befreiend sein. Dabei wird die Schwelle der Selbstbeschränkung genommen. Beim Überschreiten solcher Grenzen lässt sich feststellen, dass tatsächlich uneingeschränkte geistige Freiheiten bestehen. Der Zustand vorübergehender Desorientierung und Instabilität wird durch die Anleitung eines erfahrenen Lehrers auf körperlicher und mentaler Ebene bewusst in eine positive Erfahrung »umgeschrieben«, so kann das Selbstbewusstsein gestärkt werden.

*»So komisch es klingen mag ... der Kopfstand erdet mich. Diese Umkehrhaltung verlangt mir ein hohes Maß an Achtsamkeit und Konzentration ab und stellt gleichzeitig die Welt sprichwörtlich auf den Kopf. Es ist mir wichtig, immer wieder neue Standpunkte und Perspektiven zu gewinnen. Damit es kein rein mentales Konstrukt bleibt, hilft es mir, dies in der äußeren Form – also körperlich – zu praktizieren. Mich selbst auf den Kopf zu stellen bedeutet, die eigenen Ansichten, Haltungen und Einstellungen um 180 Grad zu kippen und mich damit ganz bewusst dem – quasi kontrollierten – Chaos auszusetzen.« (Jochen Schweizer)*

# MEDITATION
## André Daiyû Steiner: Zazen

Zazen bezeichnet eine sitzende Meditationstechnik des Zen-Buddhismus, um Körper und Geist zur Ruhe zu bringen. Die Technik wird in aufrechter, in sich selbst ruhender Körperhaltung geübt. Die Hände liegen entweder im sogenannten Meditations-Mudra im Schoß – eine Hand ruht in der anderen, die Daumenkuppen berühren einander – oder eine Hand hält die andere. Während des Zazen ist der Körper regungslos, da die äußere – körperliche – Haltung die innere – geistige – Wahrnehmung stützt. Die Haltung wird üblicherweise ca. 20 bis 30 Minuten aufrechterhalten. Es existieren verschiedene Varianten des Zazen, doch die Meditation wird stets in vollkommener Achtsamkeit durchgeführt. Durch das Zusammenspiel aus der Selbstbeobachtung des Körpers sowie der Sitzhaltung und Atmung kommt der Übende im Augenblick an. Da Körper und Geist eine untrennbare Einheit bilden, wirkt sich die Körperhaltung unmittelbar auf die Emotionen, den Denkprozess und damit auf den gesamten physischen sowie mentalen Zustand aus. So kommt der Gedankenstrom schließlich zur Ruhe. Körperlich manifestierte Erfahrungen und Reflexionen können aus dem Unterbewusstsein aufsteigen und sich dadurch auflösen. Die Technik des Zazen hat keine andere Bedeutung als das Sitzen selbst. Über den Fokus auf die Achtsamkeit hinaus gibt es keine weiteren Anweisungen. Zazen richtet sich auf die Abkehr von den geistigen und praktischen Tätigkeiten hin zu Ruhe und innerer Stille.

# Übung/Durchführung:

▶ Den Geist ruhig werden lassen und ganz still werden.

▶ Die Gedanken laufen lassen. Sie sind Teil des Lebens.

▶ Während die Gedanken, ohne innere Bewertung und Teilnahme, kommen und gehen, entstehen mitunter kurze Pausen bzw. »Lücken«. Ganz von selbst. In diesen Lücken wird der sogenannte innere Beobachter aktiviert, der das Geschehen mit Abstand betrachtet.

▶ Die Atmung verändert sich, wird entspannter und fließt harmonischer. Dadurch entspannt sich auch der Verstand und ganz allmählich entsteht eine innewohnende Stille, die das innere Wesen erfüllt.

Exkurs: ZEN

»Zen« ist die Abkürzung von »Zenna« oder »Zenno« und ist die japanische Schreibweise für den chinesischen Begriff »Ch'anna« (Ch'an). »Ch'anna« hat die gleiche Bedeutung wie das Sanskrit-Wort »Dhyana« und bedeutet »Meditation« oder »Versenkung«. Die Wurzeln des Zen liegen in Indien, dem Geburtsland des »historischen Buddha« (geb. 563 v. Chr.). Shakyamuni Buddha wird im Zen als erster Lehrer angesehen, man spricht daher auch vom Zen-Buddhismus. Zen selbst ist keine Religion, schließt aber auch keine Religiosität aus. Heute entdecken wir, wie wir mit der Zen-Übung elementare Dinge wie Gelassenheit, Loslassen oder die Konzentration auf das Wesentliche trainieren können.

»Die Übung des Zazen – des stillen Sitzens – macht das scheinbar Bedeutungslose bedeutungsvoll. In der inneren Ruhe und Stille liegt die Kraft, die im Äußeren niemals zu finden ist. Von dieser Quelle nähre ich mich und ich schöpfe meine Zuversicht daraus, dass sie niemals versiegen wird. Die Herausforderung besteht immer wieder aufs Neue darin, mich auf den jeweiligen Zustand einzulassen, den Dingen ihren natürlichen Lauf zu lassen und alles genau so anzunehmen, wie es nun mal ist; ein tiefes und unerschütterliches Vertrauen in mich selbst und in die Welt zu entwickeln, gelassen und offen zu bleiben und den Wandel geschehen zu lassen.« (André Daiyû Steiner)

# RESTORATIVES YOGA
## Jörg Buneru: Schulterbrücke

In der Schulterbrücke kommt es zu einer Dehnung und Streckung der Vorderseite des Körpers. Dabei werden die Leisten und vor allem die Wirbel in der Länge des Brustkorbs gestreckt. In der »aktiven« Ausführung dieser Haltung werden die Muskeln des oberen und unteren Rückens, Beckenbodens, des Lendenbereichs und der Beine gekräftigt. Sofern keine Beschwerden in der Halswirbelsäule vorliegen, kann die Übung auch zur angenehmen Entspannung des Nackens beitragen. Der Atemraum (im Alltag durch allzu vorgebeugte Sitzhaltungen etc. beengt) wird erweitert und die Laune hebt sich. Erfahrbar sind auch eine Verbesserung der Verdauung und auf energetischer Ebene ein optimierter Energiefluss. Ein Gefühl von Regeneration und Verjüngung entsteht bei längerem Üben der Schulterbrücke (mindestens sieben bis zehn Minuten). In diesem Fall ist auch der heilende Effekt bei Verletzungen des unteren Rückens spürbar.

## Übung/Durchführung:

- Entspannt auf dem Rücken liegen. Die Füße sind parallel aufgestellt, die Knöchel befinden sich unter den Knien. Die Arme liegen neben dem Körper.
- Nun die Schultern in Richtung Füße bewegen.
- Mit der Einatmung den Brustkorb bis zu einer angenehmen Höhe anheben und mit einer weiteren Einatmung näher ans Kinn ziehen, das Becken auf

Kniehöhe anheben. Schultern und Kopf bleiben auf dem Boden.

▶ Ein bis zwei Klötze oder ein festes Kissen können quer unters Kreuzbein geschoben werden. Die Klötze oder das Kissen unter dem Steißbein/Kreuzbein bewirken, dass die Rückbeuge länger gehalten werden kann und der Brustkorb geweitet wird.

▶ Der Körper kann so getragen in die Haltung hineinentspannen und loslassen, da die Gelenke, Bänder und Muskeln die Arbeit nicht aktiv verrichten müssen, sondern dies passiv geschieht – bei vollem Wirkungsspektrum, das in der unterstützten Haltung durch die Öffnung und das Gefühl des Loslassens im oberen Rumpfbereich entsteht.

▶ Mit jeder Ausatmung kann zudem die Muskelaktivität in den Beinen, dem Gesäß und auch Becken bewusst mehr losgelassen werden, sodass, quasi als Nebeneffekt, auch Verspannungen in diesem Bereich gelöst werden.

▶ Nach fünf bis zehn Minuten bewussten Atmens werden dann die Hilfsmittel entfernt und mit einer Ausatmung die Hüfte zum Boden bewegt, indem der Rücken Wirbel für Wirbel langsam abgelegt wird.

▶ Auf jeden Fall sollte man sich danach noch einen kurzen Moment in der ausgestreckten Rückenlage des Gefühls im Körper bewusst werden.

Exkurs: YOGATHERAPIE

Der Begriff »Therapie« wird im Sanskrit als »ci-kitsa« bezeichnet und bedeutet so viel wie »der Krankheit entgegenwirken«. Jegliche Form der Yogapraxis kann eine heilende, therapeutische Wirkung haben, egal, ob es dabei um Gelenk- oder Rückenbeschwerden, psychologische Themen oder Spannungskopfschmerzen, Rehabilitation nach schweren Erkrankungen oder Unterstützung in schwierigen Lebensphasen und bei der Traumabehandlung geht. Entscheidend ist, dass Yoga dabei sowohl eine Ergänzung zur (orthopädischen, psychologischen, psychotherapeutischen etc.) Therapie sein als auch schlicht zum persönlichen Wohlbefinden beitragen kann. Dies geschieht im Idealfall im Einzelunterricht. Yoga kann somit entscheidend den Heilungsprozess unterstützen.

*»Die Schulterbrücke ist für mich die ideale Form der Regeneration nach einem langen Tag am Schreibtisch oder in stressigen Lebensphasen. Ich finde in dieser (durch Hilfsmittel) getragenen Übung in einen Zustand der Ruhe und tiefen Entspannung. Indem sich zunächst der Bereich des unteren Rückens entspannen kann, empfinde ich das befreiende Gefühl, loslassen zu können. Weil ich mein Körpergewicht nicht aus eigener Kraft halten muss, sondern mich tragen lasse, lässt sich die Übung deutlich länger praktizieren als ohne Hilfsmittel. Indem sich mein Körper entspannt, breitet sich eine Welle des Wohlgefühls aus, die im sprichwörtlichen Sinne das Herz weit macht und mir das Gewicht des eigenen Kreuzes für eine befreiende Auszeit von den Schultern nimmt.« (Jörg Buneru)*

# ZENTRIERUNG
## Krishnataki: Tai Chi

Die Praxis des Tai Chi bewirkt in Form einer sanften Bewegungstherapie, durch achtsames und bewusstes Üben die Steigerung der Lebensenergie, die Aktivierung der körperlichen Selbstheilungskräfte und die Harmonisierung der körperlichen und geistigen Energien. Nach chinesischer Vorstellung wird ein Mensch krank, wenn seine Lebenskraft (Qi) geschwächt wird und die körperlichen, geistigen und seelischen Ressourcen aus der Balance geraten. Auf körperlicher Ebene öffnen sich durch die Praxis die Energiebahnen – die sogenannten Meridiane. Das Lösen eventueller Blockaden bedeutet, dass das Qi fließt. Dies bewirkt eine Stabilisierung des Gleichgewichts und häufig ein tief empfundenes Wohlbefinden. In der Traditionellen Chinesischen Medizin nimmt das Bewusstsein der heilen und starken Mitte einen großen Stellenwert ein, da sie die Grundlage echten spirituellen Wachstums darstellt. Das sogenannte Hara gilt als unbegrenzter Speicher der Lebensenergie und speist den Qi-Kreislauf. Überschüsse werden zurück in diese Region geleitet, ein Mangel wird ausgeglichen. Die Voraussetzung ist ein blockadefreies Meridiansystem. Die Praxis des Tai Chi schafft die energetischen, körperlichen und mentalen Bedingungen für ein starkes Hara.

Das Hauptprinzip des Tai Chi ist die Weichheit – der Übende soll natürlich, entspannt, locker und fließend sowie langsam agieren, damit die Bewegungen mit einem Minimum an Kraft und korrekt ausgeführt werden. Während der Praxis sollte der Körper derart entspannt sein, dass nur die für eine bestimmte Bewegung oder Haltung tatsächlich benötigten Muskeln aktiviert werden und die übrigen in Ruhestellung sind. Von vielen Praktizierenden wird die dabei auftretende Empfindung als eine Art Energiefluss beschrieben, den man im Körper zirkulieren lassen und gezielt an bestimmte Körperstellen senden kann. Dies soll einerseits der Gesunderhaltung und Körperkontrolle dienen und andererseits im Kampf anwendbar sein. Der Atem soll tief sein, frei und natürlich fließen. Durch die angestrebte Bauchatmung ist die Atemfrequenz deutlich niedriger als in der normalerweise durchgeführten Brustatmung.

## Übung/Durchführung:

▶ Vom Hara (der eigenen Mitte) aus durch die Füße in den Boden atmen.

▶ Dann durch die Füße wieder hoch in das Hara atmen.

▶ Vom Hara durch den Kopf in den Himmel ausatmen.

▶ Anschließend von oben durch den Kopf wieder ins Hara einatmen.

▶ Etwa neun Runden in diesem Rhythmus durchführen.

 Exkurs: »HARA«:

»Hara« ist ein Begriff aus dem Zen-Buddhismus, dessen wörtliche Übersetzung »Bauch« lautet und den physischen Unterleib – quasi das energetische Zentrum des Menschen – bezeichnet. Als Mittelpunkt des Hara wird der Bereich fünf Zentimeter unter dem Nabel betrachtet.

»*Die Kraft der eigenen Mitte bewusst zu spüren, kann ein überwältigendes Erlebnis sein. Dies setzt ein hohes Maß an Achtsamkeit für den unmittelbaren Moment – für die Situation im Hier und Jetzt – voraus. Man muss sich ganz und gar einlassen auf jeden Schritt und jede Bewegung ... so bedeutungslos sie auch vordergründig erscheinen mögen. Jeder Schritt bringt mich auf meinem Weg weiter, wenn ich ihn achtsam setze und aus einer stabilen Mitte – in der unser Herz und gesamtes Kraftpotenzial liegt – (selbst)bewusst agiere.*« (Krishnataki)

# TIEFENENTSPANNUNG

Um tief zu entspannen, muss die Atmung vom Bauch ausgehen statt von der Brust. Mit der Einatmung hebt sich der Bauch, mit der Ausatmung senkt sich der Bauch und wird ganz flach. Babys atmen auf diese – beruhigende – Weise. Der Bauch bewegt sich auf und ab und der Brustkorb bleibt völlig ruhig. Die ganze Energie konzentriert sich damit auf den Bauchraum. Beim Schlafen atmen wir alle richtig, weil sich der Kopf nicht einmischt. Der Atem fließt tief und frei. Nur wenn der Bauch weich ist, können wir tief fühlen und empfinden.

## Übung/Durchführung:

▸ Auf den Rücken legen. Eine Decke zusammenrollen und diese unter die Kniekehlen legen. Entweder eine zusammengefaltete Decke oder ein Handtuch unter den Kopf schieben. Dies hilft, den Nacken besser zu entspannen.

▸ Die Füße hüftbreit auseinander. Füße und Beine fallen ganz natürlich nach außen.

▸ Die Schulterblätter schmelzen in den Boden, Arme lang neben dem Körper liegen lassen. Die Handflächen zeigen nach oben.

▸ Augen schließen oder ein kleines Kissen über die Augen legen.

▸ Innerlich wiederholen: Zehen entspannen, Füße entspannen, Beine entspannen, Hüften entspannen, Gesäß entspannen, unteren Rücken entspannen, mittleren Rücken entspannen, oberen Rücken entspannen, Bauch entspannen, Brustkorb entspannen, Finger entspannen, Hände entspannen, Arme entspannen, Schultern entspannen, Schulterblätter entspannen, Nacken entspannen, Gesicht entspannen, Mund entspannen, Zunge entspannen, Kiefer entspannen, Lippen entspannen, Wangen entspannen, Nase entspannen, Augen entspannen, Stirn entspannen, Kopfhaut entspannen, der ganze Körper ist entspannt, mit jedem Augenblick, der vergeht, ruhiger und gelassener werden.

▶ Nach etwa zehn Minuten damit beginnen, die Zehen und Finger langsam zu bewegen und die Atmung zu vertiefen. Arme weit hinter den Kopf strecken.

▶ Einatmen: Den rechten Arm und das rechte Bein länger ziehen, dann die linke Seite. Ausatmen: loslassen. Einatmen: beide Seiten lang ziehen. Ausatmen: loslassen.

▶ Knie beugen und auf die rechte Seite rollen. Kurz auf der Seite liegen bleiben und wie ein Baby zusammenkuscheln und den Zustand genießen. Dabei ganz natürlich bleiben. Eine tiefe Wärme durchströmt den ganzen Körper.

Exkurs: STRESSREDUKTION

Die Tiefenentspannung ist der Gegenspieler des Stresses. Es gibt eine Vielzahl von Methoden, um dem Syndrom gezielt entgegenzuwirken. Stresssymptome wie erhöhte Herz- und Pulsfrequenz, verstärkte Reflextätigkeit und Muskeltonus- sowie Blutdruckanstieg dienen in Grenzsituationen als wirkungsvolles Überlebensprogramm und bieten insofern einen durchaus sinnvollen

Mechanismus, da der Flucht-Kampf-Reflex aktiviert wird. Wenn allerdings dieser Zustand nicht aufgelöst und der Stresszustand chronisch wird, bewirkt dies u. a. Schlaf- und Appetitlosigkeit, Nervosität und Anspannung – und kann in den Zustand totaler Erschöpfung, einen sogenannten Burn-out, oder in eine Depression münden. Der Körper benötigt daher einen wirkungsvollen Impuls, um bis in die Tiefe des Geistes, der Muskulatur und des Unterbewusstseins hinein loszulassen und die Anspannung, die im Flucht- bzw. Kampfmodus herrscht, effektiv aufzulösen. Auf der mentalen Ebene werden im Zustand der Tiefenentspannung Gelassenheit, Zufriedenheit und Wohlbefinden erlebt und sowohl die Konzentrationsfähigkeit als auch die körperliche Wahrnehmung werden gesteigert.

# YOGI'S CHOICE II:
# ERNÄHRUNG

Eine weitere direkte Methode zur Herbeiführung positiver Veränderungen im Körper ist eine bewusste Ernährung. Ich persönlich habe die Wichtigkeit einer gesunden und heilsamen Nahrung erst wirklich zu schätzen gelernt, als ich krank wurde. Zu dieser Zeit hat mir Volker Mehl das Kochen beigebracht. Er hat mir klar aufgezeigt, was gut für mich ist und welche Nahrungsmittel ich lieber meiden sollte. Sicherlich sollte jeder selbst herausfinden, was ihm zuträglich ist. Als Richtlinie hilft vielleicht, dass die Nahrung dazu beitragen sollte, sich leicht, klar und stark zu fühlen. Für mich gelten daher folgende ganz einfache Grundsätze:

▶ Iss vollwertige und regionale Nahrung.
▶ Iss entsprechend deinem Appetit.
▶ Iss nicht mehr, als du verbrennen kannst.
▶ Iss langsam, dankbar und freudig.
▶ Iss Nahrungsmittel, die dich in Einklang mit der Natur bringen.

Die Ernährung sollte nichts Aufgezwungenes haben. Sie entwickelt sich mit der Praxis. Für viele Yogis gehört jedoch eine vegetarische Lebensform aufgrund der Philosophie dazu, auch wenn sie nicht zwingend vorgeschrieben ist. Basierend auf dem Leitmotiv »Alles ist eins« ist es jedoch nur konsequent, nichts und niemanden zu töten und zu verspeisen.

Zahlreiche gesundheitliche, ökologische und soziale Aspekte sprechen weiterhin für eine vegetarische Ernährung. Mir persönlich reicht der Blick in die Augen einer Kuh, um jeglichen Appetit auf einen Hamburger zu verlieren. Doch für die meisten Menschen hatte das Fleisch auf dem Teller nie ein Gesicht, einen Namen, ein Schicksal. Die Verbindung zwischen den Kühen auf der Weide und dem Steak auf dem Teller ist verloren gegangen. Das durch den Fleischkonsum erzeugte Leid wird ins Abseits gedrängt.

Im Yoga suchen wir nach dem, was uns alle verbindet. Die Schöpfungskraft in jedem Lebewesen zu sehen bedeutet für mich ganz persönlich, die Natur zu ehren und keinem Lebewesen wehzutun. Doch es darf – gerade bei der Ernährung – kein Dogma herrschen: Jeder sollte sich seine individuelle Meinung bilden, auf den eigenen Körper hören und sich nicht die moralischen Leitlinien eines anderen aufzwingen lassen.

# YOGI'S CHOICE III: ENTGIFTUNG

Schätzungsweise sammeln sich rund 100 000 Giftstoffe im Verlauf des Lebens im menschlichen Körper an: aufgenommen durch eine zu fette und eiweißlastige Ernährung, angereichert mit Konservierungsstoffen. Zu viel Stress, Nikotin und Kaffee leisten ebenfalls ihren Beitrag bei der Entstehung der sogenannten freien Radikale. Diese höchst aggressiven Partikel attackieren lebensnotwendige Proteine und zahlreiche Moleküle, greifen dort an, wo unser Körper am empfindlichsten ist: mitten im Zellkern – in der Erbsubstanz DNA und den Mitochondrien, den Kraftwerken der Zelle. Somit sind freie Radikale nicht nur allgemein für die Alterung verantwortlich, sondern werden auch mit den verschiedensten Krankheiten wie Arteriosklerose, koronare Herzerkrankung, Fettstoffwechselstörungen bis Rheuma und Krebs in Beziehung gesetzt. Die Belastung des Körpers lässt sich in Form des sogenannten oxidativen Stresses nachweisen. Im Zusammenspiel mit einer Übersäuerung des Körpers, die überwiegend aus dem meist zu hohen Konsum von Fleisch- und Industrieprodukten resultiert, können

Stoffwechselprobleme, Gelenk-, Herz- und Kreislauf-beschwerden entstehen.

Kommt es zur Blockade des natürlichen Energieflusses im Körper durch Schlackenbildung aufgrund von Über-säuerung und nicht abbaubaren Schadstoffen, so fühlen wir uns müde, antriebslos und niedergeschlagen. Doch der Körper verfügt über unglaubliche Instrumente der Regeneration: etwa 100 000 Milliarden Zellen, die sich in einem unglaublichen Tempo erneuern – pro Sekunde werden etwa sieben Millionen Zellen neu produziert. So erhalten wir alle drei Tage eine neue Magen-Darm-Schleimhaut, alle drei Wochen eine neue Leber, jeden Monat eine neue Haut und alle paar Monate ein brandneues Skelettsystem. Unterstützen wir diesen Erneuerungsprozess sinnvoll, etwa durch Yoga und eine vegetarische Ernährung, so können wir bereits in einem relativ kurzen Zeitraum von etwa zwei Wochen erstaunlich positive Effekte hinsichtlich unseres körperlichen und seelischen Wohlbefindens erzielen.

Zehn ganzheitliche Gesundheitstipps vom Ayurveda-Experten Volker Mehl, dem Fachmann fürs gute Bauchgefühl:

‣ Nach dem Aufstehen möglichst bei geöffnetem Fenster fünf Minuten tief ein- und ausatmen, um die geistige Leistungsfähigkeit zu verbessern.
‣ Essen Sie in ruhiger Atmosphäre, ohne störende Ablenkung durch TV, nervende Radiowerbung, Telefonate & Co. Harmonische Tischgespräche wirken sich hingegen wohltuend aufs Gemüt und die Verdauung aus.

- Ein Zungenschaber verrichtet gute Dienste, die Mundhöhle kann mit zwei Esslöffeln Ghee gereinigt werden.

- Ein Fastentag pro Monat, an dem nur heißes Wasser oder Kräutertee getrunken wird, entlastet den Organismus von Giftstoffen.

- Die Darmtätigkeit lässt sich mit einem Glas warmem Wasser am Morgen anregen, das die Entleerung fördert.

- Kauen Sie, um den Appetit anzuregen, etwas frischen Ingwer mit gerösteten Fenchelsamen und ein paar Körnchen Salz.

- Ein Glas warme Milch mit etwas geriebenem Ingwer und einem Teelöffel Rohrzucker hilft bei Schlafproblemen und wirkt beruhigend.

- Pro Mahlzeit sollten Sie nur so viel essen, wie in zwei Hände passt. Die optimale Zusammensetzung der Mahlzeit besteht laut Ayurveda aus einem Drittel Flüssigkeit, einem Drittel fester Nahrung und einem Drittel Luft.

- Kalte Getränke sind unmittelbar vor, während und nach dem Essen tabu, da sonst der Verdauungsvorgang beeinträchtigt wird.

- Abends am besten warm essen. Oft genügt eine Gemüsebrühe oder ein leichter Getreidebrei – idealerweise vor 20 Uhr.

Diese zehn Empfehlungen lassen sich täglich anwenden und individuell kombinieren.

# YOGI'S CHOICE IV:
## RESCUE PLAN

Wenn mir alles über den Kopf zu wachsen droht, hilft nur noch eines: täglich 15 Minuten schütteln, fünf Minuten stille Meditation, fünf Minuten Atemübungen und etwa zehn Minuten einfache yogische Körperhaltungen.

# INTERNETADRESSEN

Patrick Broome:
www.patrickbroome.de

Dieter Gurkasch:
www.yumig.de
www.dietergurkasch.de

Bobby Dekeyser:
www.dekeyserandfriends.org

Volker Mehl:
www.volker-mehl.de

Jochen Schweizer:
zenkayaking.com

André Steiner:
www.imakoko.de

Jörg Buneru:
www.buneru-yoga.de

Krishnataki:
www.thaimassage.gr

# LITERATUR

Altmann, Andreas: »Dies beschissen schöne Leben«, Piper 2014

Altstötter-Gleich, Christine: »Die Perfektionismus-Falle«, Interview, GEO Wissen, Nr. 52-11/2013

Altstötter-Gleich, Christine: »Perfektionismus: Nie Personen kritisieren, lieber über Beziehung reden!«, Interview, ZEIT Wissen, Nr. 03/2011

Bierhoff, Oliver: »Spielunterbrechung«, Econ 2012

Broome, Patrick: »Yoga für den Mann«, Nymphenburger Verlag 2009

Broome, Patrick: »Yoga für alle«, Nymphenburger Verlag 2012

Broome, Patrick: »Mit Yoga leben«, Allegria 2014

Calaprice, Alice (Hrsg.): »Einstein sagt«, Piper 1997

Cornell, Judith: »Amma – Das Leben umarmen«,
Knaur 2004

Dekeyser, Bobby: »Unverkäuflich«, Ankerherz 2012

Graham, Linda: »Der achtsame Weg zu Resilienz und
Wohlbefinden«, Arbor 2014

Gurkasch, Dieter: »Leben reloaded«, Kailash 2013

Kupczik, Ingrid: »Optimismus: Die Kraft der
Zuversicht«, www.apotheken-umschau.de,
30.05.2014

Mehl, Volker: »Back to the Wurzeln«, Kailash 2015

Mehl, Volker: »Meine Ayurveda-Familienküche«,
TRIAS 2014

Mehl, Volker: »So schmeckt Glück«, Kailash 2013

Mehl, Volker: »Koch dich glücklich mit Ayurveda«,
Kailash 2011

Mooji: »Bevor Ich Bin – Die direkte Erkenntnis der
Wahrheit«, PiBoox-Paulsen 2014

Mourlane, Denis: »Resilienz: Die unentdeckte
Fähigkeit der wirklich Erfolgreichen«,
BusinessVillage 2012

Osho: »Das Orangene Buch – Die Osho-Meditationen für das 21. Jahrhundert«, Innenwelt Verlag 2008

Pausch, Randy: »Last Lecture – Die Lehren meines Lebens«, Goldmann 2009

Rinpoche, Sogyal: »Das tibetische Buch vom Leben und vom Sterben – Ein Schlüssel zum tieferen Verständnis von Leben und Tod«, Fischer Verlag 2004

Schweizer, Jochen: »Der Endorphin-Dealer«, Interview, vbw magazin, Nr. 05/2014

Schweizer, Jochen: »Warum Menschen fliegen können müssen«, Riva 2010

Sponsel, Rudolf: »Spiritualität – Eine psychologische Untersuchung«, Internetpublikation 2006

Sprenger, Bernd: »Die Illusion der perfekten Kontrolle«, Kösel 2009

Steiner, André Daiyû: »Die 7 Wege des Samurai«, Wiley-VCH Verlag 2012 (Buch)/2014 (Hörbuch)

Thich Nhat Hanh: »Liebesbrief an die Erde«, Nymphenburger Verlag 2014

Tolle, Eckhart: »Leben im Jetzt«, Goldmann 2014

Uber, Heiner/Steiner, André: »Lach dich locker«, Goldmann Verlag 2006

Uber, Heiner/Steiner, André: »Das Lachprinzip«,
Eichborn Verlag 2005

Ware, Bronnie: »5 Dinge, die Sterbende
am meisten bereuen«, Arkana 2013

# Mentale Stärke und Konzentration

Patrick Broome zeigt Schritt für Schritt komplexe Bewegungsserien, die an die Bedürfnisse des männlichen Körpers angepasst sind. So lernen Männer, die energetische Struktur ihres Körpers zu verstehen, um Energie aufzubauen und zu lenken. Das ausgewogene Programm verleiht Kraft und die Fähigkeit, mit Ausdauer und Präzision Ziele zu verfolgen. Die Übungen sorgen für innere Stärke, verleihen Balance und Gelassenheit.

*Das ultimative Übungsprogramm für Männer vom Yogalehrer der Fußball-Weltmeister 2014.*

## Patrick Broome
## Yoga für den Mann

Print: 978-3-485-01165-5 · E-Book: 978-3-485-06024-0

*nymphenburger*

www.nymphenburger-verlag.de

## Jeder kann Yoga!

Unabhängig von Alter oder Beweglichkeit – entscheidend beim Yoga ist das Gefühl, das beim Üben entsteht. Jeder kann wahrnehmen, was in seinem Körper passiert, und dadurch entspannter und freier werden. Patrick Broome stellt Schritt für Schritt dynamische Übungen vor, die sich jeder nach individuellen Gesichtspunkten zu einem für ihn passenden Programm zusammenstellen kann.

*»Yoga ist so individuell wie
jeder einzelne Körper.«*
Patrick Broome

## Patrick Broome
## Yoga für alle
Print: 978-3-485-01386-4 · E-Book: 978-3-485-06044-8

www.nymphenburger-verlag.de